« RÉPONSES »
Collection dirigée par Joëlle de Gravelaine

Dr CONNELL COWAN
Dr MELVYN KINDER

BELLES INTELLIGENTES ... ET SEULES

Traduit de l'américain par Béatrice Gartenberg

ÉDITIONS ROBERT LAFFONT
PARIS

Titre original : SMART WOMEN, FOOLISH CHOICES.
© Connell O'Brien Cowan et Melvyn Kinder, 1985.
Traduction française : Éditions Robert Laffont, S.A., Paris, 1986.

ISBN 2-221-04900-4
(édition originale :
ISBN 0-517-55145-4 Clarkson N. Potter, Inc., New York)

Pour Casey, Sean, Coby et Joey
C.C.

Pour Sara, Eric et Alexandra
M.K.

INTRODUCTION

Vous vous demandez peut-être qui nous sommes et à quel titre nous nous permettons d'entretenir les femmes intelligentes de leurs relations avec les hommes.

Nous sommes psychologues cliniciens depuis seize ans au centre médical du Cedars-Sinaï de Los Angeles où nous avons effectué notre stage de spécialisation après le doctorat.

Nous avons également une clientèle privée en psychothérapie : en effet, bien qu'entraînés aux pratiques et théories psychanalytiques traditionnelles, nous avons éprouvé le besoin de développer de nouvelles approches des dilemmes humains et autres « difficultés d'être » pour à la fois mieux les comprendre et, partant, mieux les aborder.

C'est dans cette perspective qu'ensemble nous avons créé une clinique à Beverly Hills, en Californie, où nous nous occupons de couples divorcés ou en instance de divorce, de personnes ayant des problèmes familiaux, sexuels ou relationnels — en particulier avec le sexe opposé.

Bien que cet ouvrage soit notre premier livre, nous nous intéressons depuis longtemps à la propagation d'informations psychologiques. Si, pour une thérapeute, la plus grande des récompenses est la relation intense et riche qui s'établit entre lui et ses patients, combien frustrant aussi le fait de ne pouvoir au cours d'une vie professionnelle entrer en contact

INTRODUCTION

qu'avec un nombre restreint de personnes. Ce livre nous permet donc de faire partager à un public plus vaste les luttes et les victoires de femmes qui ont réussi à surmonter leurs dificultés relationnelles.

En tant que psychothérapeutes, nous avons pendant des années — surtout pendant les années 1970 — travaillé avec des patients, hommes et femmes, qui s'apercevaient que, lorsqu'il s'agissait de relations amoureuses, leur comportement et leurs aspirations changeaient de manière spectaculaire pour souvent devenir confus et ambivalents.

La même ambivalence s'exprimait au cours de nos ateliers et autres activités de groupe auxquels participaient des personnes des deux sexes. Alors que tout semble avoir été dit et écrit sur les problèmes relationnels et sur le développement de la personnalité — des femmes surtout —, c'étaient toujours les mêmes questions qui revenaient. Des questions concernant « la toxicomanie amoureuse » (qui implique une dépendance à l'amour et les troubles qui en découlent), la tendance à faire systématiquement des « mauvais choix amoureux » et enfin, le peu d'attirance des femmes pour les hommes qu'elles trouvent « gentils ».

Depuis une dizaine d'années, la plupart des ouvrages destinés aux femmes ont été écrits par des femmes. Or nous avons découvert que nos patientes voulaient connaître notre opinion et notre point de vue, non parce que nous étions psychothérapeutes, mais précisément parce que nous étions des hommes. Ces femmes qui essayaient de décoder leurs comportements avec la gent masculine désiraient savoir ce qu'un homme en pensait.

Nous écrivons ce livre non seulement en tant que thérapeutes mais en tant qu'hommes : fils, époux et pères. Il est donc évident qu'il s'agit là d'un ouvrage effectué dans une perspective masculine. Nous avons essayé d'œuvrer aussi utilement que possible en utilisant aussi honnêtement que faire se peut les matériaux fournis par notre expérience thérapeutique. Cet ouvrage traite des problèmes qui existent entre les hom-

INTRODUCTION

mes et les femmes *tels qu'ils sont et non tels qu'ils devraient être*. Il a été écrit dans le seul but de rendre les relations entre hommes et femmes plus claires, plus réalistes et, tout compte fait, plus harmonieuses. Nous constatons avec regret les tensions qui règnent entre les sexes depuis quelques années et qui nous affectent tous. Tensions qui semblent avoir pour origine des problèmes graves et qui ont soulevé de nouvelles questions, fait naître des sentiments et des états d'esprit nouveaux. Nous vivons dans une époque de transition et il nous faut lutter pour découvrir les moyens de créer et de maintenir des relations amoureuses mutuellement satisfaisantes.

Qui est cette « femme intelligente » à qui s'adresse ce livre ? C'est une femme qui travaille et qui accorde une place prépondérante à sa carrière et à son développement personnel. Elle lutte pour s'affirmer non seulement en tant que femme mais aussi en tant qu'être humain. Elle assume la responsabilité de diriger sa vie. Elle a confiance en elle et fait preuve d'amour-propre. Curieuse et concernée par le nouveau type de relations qui régit les rapports hommes/femmes, il lui arrive pourtant de déplorer que ses relations amoureuses soient aussi décevantes et frustrantes et qu'elles la plongent le plus souvent dans un profond désarroi. Elle commence à se poser des questions sur la validité de ses choix amoureux.

Restons cependant optimistes. Nous sommes en effet persuadés qu'il existe beaucoup d'hommes valables sur cette planète — des hommes généreux, affectueux, qui désirent vraiment une relation durable. Nous qui sommes des hommes croyons savoir ce que nos compagnons pensent, ressentent, et comment ils réagissent. Nous allons donc vous parler des « stratégies qui marchent » avec les tenants du sexe dit fort. Si nous parvenons à vous communiquer de « bons tuyaux », il se peut que vos relations amoureuses s'en trouvent améliorées et, partant, que vous soyez moins frustrées, moins déroutées et, pourquoi pas, exaucées.

Nous avons constaté que les femmes, surtout celles qui

sont intelligentes, ont aujourd'hui paradoxalement tendance à se fourvoyer davantage qu'il y a quelques années dans leurs relations amoureuses. Il y a une bonne raison à cela. Actuellement, le gouffre qui existe entre les motivations inconscientes — c'est-à-dire les habitudes et conditionnements anciens — et les aspirations, croyances et désirs conscients est encore plus profond. Il existe en effet un conflit important entre le conscient, qui a été fortement influencé par les récentes transformations de la société, et l'inconscient, qui est encore imprégné des enseignements dispensés dans la petite enfance. C'est à cause de ce décalage que les femmes intelligentes se comportent parfois de façon insensée, en faisant ce que nous avons choisi d'appeler de « mauvais choix ».

Nous pensons du reste que si les mères de nos lectrices étaient confrontées à des problèmes de relation avec leurs compagnons : manque d'intimité, manque d'affection, etc., leurs filles, qui ont grandi pendant la période marquée par le féminisme, avaient, elles, des problèmes d'identité, d'autonomie et d'affirmation de soi. Aujourd'hui, il s'agit pour la plupart d'entre elles de mener à bien la tâche qui consiste à rétablir et entretenir des relations amoureuses satisfaisantes tout en restant autonomes et soucieuses de s'épanouir sur le plan professionnel.

En tant que psychologues, nous pensons pouvoir aider ces femmes à mettre au jour les forces compulsives sous-jacentes qui les poussent à faire ces choix inadéquats. Nous nous proposons de les aider à mieux comprendre les raisons qui les font agir et échouer dans leurs relations amoureuses.

Nous sommes convaincus qu'après avoir lu ce livre, nos lectrices remarqueront davantage les hommes qui sont « bons pour elles » et que ceux-ci leur paraîtront alors parés de séduction.

Les nouvelles stratégies qu'elles mettront en œuvre leur permettront d'échapper à l'enfermement des comportements d'échec répétitifs qui étaient leur lot, et elles pourront dès

INTRODUCTION

lors aborder leurs relations amoureuses sous de nouveaux et favorables auspices.

Nous demandons aux femmes qui liront ce livre d'accepter l'hypothèse d'une autre façon de considérer les relations amoureuses, et d'autres façons aussi de les établir et de les vivre.

Il existe des moyens qui jusqu'ici paraissaient inaccessibles de préserver l'amour réciproque et de découvrir, au-delà des masques derrière lesquels se cachent les hommes, des êtres susceptibles de devenir de véritables compagnons.

Dans la première partie, intitulée LE MAUVAIS CHOIX, nous traiterons des causes et des pulsions qui entraînent la frustration amoureuse. Dans la seconde partie, COMMENT FAIRE LE BON CHOIX, nous montrerons comment être plus perspicaces, ce qui, nous l'espérons, vous convaincra de cette évidence : ce qui vous paraît aujourd'hui un obstacle au rapprochement entre les sexes peut au contraire être l'occasion de prétendre à des rapports épanouissants.

PREMIÈRE PARTIE

LE MAUVAIS CHOIX

1.

ELLES ATTENDENT LE PRINCE CHARMANT

Diane, vingt-huit ans, journaliste pigiste, est ambitieuse et réussit très bien dans sa profession. La plupart des hommes la trouvent séduisante et elle ne manque pas de soupirants. Pourtant, elle ne semble attirée que par des hommes jaloux de leur indépendance, égoïstes, renfermés et peu désireux de s'engager de façon durable avec elle.

Lassée de ce genre de personnages, elle prit un jour la décision de ne s'attacher désormais qu'à des hommes plus ouverts, plus sensibles et plus vulnérables. Elle crut avoir trouvé ce qu'elle cherchait en la personne de Paul, un architecte de trente ans, qui se montra aussi affectueux et attentionné que ses amants précédents s'étaient montrés réticents et distants. Plus ils se connaissaient, plus Paul s'ouvrait à Diane et lui confiait ses doutes et ses difficultés professionnelles. Il lui disait souvent qu'il l'aimait, qu'il avait besoin de sa présence.

Au lieu de se réjouir de la confiance qu'il lui témoignait, Diane commença à se détacher de lui. Elle le quitta et, pour justifier sa décision, me déclara : « Je crois tout simplement qu'il m'ennuyait. » Elle a maintenant un nouvel amant — un avocat qui ne s'intéresse qu'à son travail — et qui, hélas, ne la rendra pas heureuse.

Carla, quarante-deux ans, est agent immobilier. Elle a fondé sa propre affaire qui emploie aujourd'hui trente personnes. Depuis le jour béni où à vingt-trois ans, elle réussit pour la première fois une très grosse affaire, elle prit la décision de se consacrer entièrement et en toute connaissance de cause à sa carrière plutôt qu'au mariage et à la famille. Elle a connu beaucoup d'hommes mais ne s'est jamais engagée dans une relation durable. Actuellement, la solitude lui pèse. Quand elle repense à ses aventures passées, elle a du mal à se souvenir de moments heureux. Son amant actuel est un metteur en scène européen engagé avec une autre femme.

Samantha, vingt-sept ans, est une jeune avocate qui travaille dans un cabinet d'affaires. Éric, l'un des associés de ce cabinet, fut immédiatement attiré par son intelligence, son ambition et son indépendance. Ils sortirent ensemble et Éric commença à remarquer une transformation chez Samantha : elle devenait de plus en plus dépendante, possessive, et avait constamment besoin qu'il l'assure de son amour et de son attachement. Bien que ce comportement inquiétât Éric, ils continuèrent à se voir régulièrement et de plus en plus souvent.

Deux ou trois mois plus tard, après un dîner d'amoureux — elle avait passé des heures à lui mitonner ses plats préférés —, Samantha déclara à Éric qu'elle voulait cesser de travailler pour se marier avec lui et élever l'enfant qu'il lui ferait. Pour le moins choqué par cette soudaine déclaration, Éric commença à s'éloigner d'elle pour finalement la quitter. Accablée, Samantha eut beaucoup de mal à se remettre de cet échec.

Ces femmes sont très différentes, mais elles ont pourtant un point commun : toutes font des mauvais choix dès qu'il s'agit de leur vie amoureuse. Par choix, nous ne parlons pas seulement de la sélection des partenaires mais également de la façon dont elles se comportent avec eux.

Combien de fois avez-vous entendu dire, et peut-être avez-vous dit vous-même à l'occasion :

« J'ai le don de tomber sur des hommes qui ne me conviennent pas. »

ELLES ATTENDENT LE PRINCE CHARMANT

« S'il y a un seul " salaud " dans une pièce remplie de types adorables, je peux être sûre qu'il est pour moi. »

« Tous les hommes que je rencontre sont ennuyeux comme la pluie ou alors ils sont homosexuels. Quand j'ai la chance de rencontrer quelqu'un d'intéressant, chaleureux et attentionné, tôt ou tard, à coup sûr, je découvre qu'il est marié. »

« Je sais que ça ne mènera à rien et qu'il ne quittera jamais sa femme, mais il y a quelque chose qui fait que je ne peux pas me détacher de lui. Il m'en fait voir de toutes les couleurs et je ne me rebiffe pas. »

« Au début, mes relations avec les hommes sont toujours idylliques, mais je ne sais pas pourquoi, au bout d'un moment ils me laissent tomber. »

En tant que psychothérapeutes, c'est tous les jours que nous entendons ce genre de réflexion. Il semble d'ailleurs qu'il y ait depuis quelque temps chez les femmes une recrudescence de sentiments de frustration due à la médiocrité de leurs relations avec les hommes. Nous avons été intrigués par ce phénomène qui prend des allures d'épidémie et dont nous savons qu'il reflète une résignation découragée et un profond pessimisme.

Mais les femmes ne « tombent » pas par hasard sur des hommes qui ne leur conviennent pas. Quant aux relations amoureuses qui commencent bien, elles ne sont pas détruites par des forces mystérieuses et incontrôlables. Ces femmes qui se plaignent ont simplement fait des choix erronés.

Nous avons souvent remarqué que *plus les femmes étaient intelligentes et raffinées, plus le choix de leurs compagnons était lamentable et leur comportement autodestructeur.*

Nous pensons que ces choix malheureux sont en partie déclenchés et perpétués par le mythe moderne, illusoire et fatal, de l'homme avec un grand H. D'autre part, l'irréalisme de ces femmes est imputable au fait qu'elles sont persuadées qu'elles peuvent « obtenir tout ce qu'elles veulent ». Nous avons observé que les femmes intelligentes cherchent et espèrent trouver la perfection incarnée, autrement dit : le prince charmant.

La recherche de l'homme idéal

L'homme que je cherche ? Eh bien, il a le physique de Paul Newman, le sourire de Dustin Hoffman, le savoir-faire de Bernard Tapie, le charme de Julio Iglesias et le sens de la famille de Charles Aznavour. Ah oui, j'allais oublier le plus important : il me dira, une heure après m'avoir rencontrée, que je suis la femme qu'il attend depuis toujours !
Cela vous semble excessif ? Pas à nous !
Nous rencontrons beaucoup de femmes qui cherchent ou attendent l'homme idéal, une espèce de Superman version moderne du prince charmant. Bien sûr, rationnellement, elles savent qu'un tel être n'existe pas. Et pourtant, tapie sous la raison, réside la certitude non formulée mais patente qu'elles le trouveront un jour.
Certaines femmes déclarent franchement qu'elles ne renonceront pas à leur quête avant d'avoir conquis le cœur de cet homme idéal. Mais, le plus souvent, elles dissimulent ce désir de perfection sous un masque, quel qu'il soit.
Andréa, par exemple, arbore le masque de la passivité. A trente-six ans, elle attend encore son Superman. Elle peut même vous le décrire en détail — ses qualités, son caractère aimable, sa personalité agréable et généreuse... Pour l'instant, elle est la maîtresse d'un homme marié, le dernier d'une longue série. Elle n'est pas amoureuse de lui, mais leur relation la satisfait néanmoins. En réalité, cette relation l'arrange car elle l'empêche d'affronter la vérité. Ce qu'Andréa refuse d'admettre, c'est que même si elle se mettait en situation de rencontrer des hommes célibataires, disponibles, elle serait déçue : évidemment, puisque son prince charmant n'est pas un être de chair et de sang.

ELLES ATTENDENT LE PRINCE CHARMANT

Les femmes ont une autre façon de masquer ce besoin de perfection ; elles se montrent exagérément critiques.

Élisabeth, qui a vingt-huit ans, dirige sa propre entreprise de graphisme, se considère plus solide psychologiquement et supérieure intellectuellement à la plupart des hommes qu'elle rencontre. Ses histoires d'amour se terminent très vite et invariablement pour des raisons logiques. Elle finit toujours par éconduire ses amoureux, quels que soient leur intelligence ou l'intérêt qu'ils présentent, et même s'ils se montrent attentionnés envers elle. A peine entrevoit-elle un défaut chez eux qu'elle se jette sur l'occasion pour rompre. Jean, avocat, était trop rigide et trop pris par son travail. Paul, reporter et poète, trop « sentimental ». Élisabeth avait tout d'abord été attirée par sa sensibilité et son évidente vulnérabilité, mais bientôt elle le trouva fragile et faible. Tout le monde croyait que Williams, promoteur immobilier, saurait gagner son amour. Elle l'estimait beaucoup et se sentait très attirée par lui. Elle disait à ses amis : « Personne ne m'a fait autant rire que Williams. » Pourtant, au bout de quelques mois, Élisabeth commença à se détacher de lui en se plaignant qu'il manquait « d'imagination au lit ».

Élisabeth ne l'admettra jamais, mais ce qu'elle recherche, c'est un homme parfait. Elle ne se perçoit pas comme trop difficile mais simplement comme une femme qui sait ce qu'elle veut.

Ce genre de femme ne se rend pas compte à quel point elle gâche des relations prometteuses. Mais la femme qui déguise le mieux sa quête secrète de l'homme idéal est celle qui porte le masque du cynisme. La cynique refusera énergiquement d'être considérée comme quelqu'un qui ne veut pas s'engager tant qu'elle n'a pas rencontré son prince charmant. Après avoir raconté sa dernière histoire d'amour qui s'est mal terminée, elle soupire : « Les hommes ? Il n'y a rien à en attendre ! »

Jeanne, trente-deux ans, divorcée, élève sa fille de cinq ans. Elle est infirmière. Elle s'était mariée à vingt ans et son mariage avait été un échec très douloureux et très humiliant pour elle. Son mari avait de nombreuses aventures extra-conjugales et finit par la quitter pour une autre femme après l'avoir anéantie moralement. Comme pour se protéger du même genre de déboires, Jeanne cherche systématiquement les pires énergumènes, qu'elle finit bien sûr par dénicher. Elle vous affirmera avec véhémence et sincérité qu'elle n'attend plus rien des hommes. Mais derrière ce discours se cache le fait qu'elle ne trouve jamais des hommes « à la hauteur ». La recherche de la perfection est si forte chez elle, et sa peur d'être déçue si profonde, qu'elle dissimule son désir d'homme idéal sous une carapace de cynisme presque impénétrable.

Les femmes et les illusions romantiques

Les femmes ont tendance à fantasmer au sujet des hommes.
De Clark Gable à James Dean, de Frank Sinatra à Elvis Presley, de J.-P. Belmondo à Alain Delon, les hommes célèbres ont été depuis longtemps l'objet des fantasmes féminins. Les hommes aussi rêvent de belles femmes séduisantes et voluptueuses, mais il y a cependant une différence. La plupart des fantasmes masculins sont sexuels alors que les fantasmes féminins concernent surtout « la relation ». Pourquoi ?
Les hommes d'aujourd'hui ont dans leur majorité été éduqués depuis l'enfance dans une perspective d'action, de maîtrise de soi et d'autonomie, tandis que les femmes ont été élevées dans l'idée que l'amour et l'affection étaient ce qu'il y avait de plus important dans la vie. Il en résulte que les hommes rêvent plutôt de ce qu'*ils feront pour que les choses arrivent* alors que les femmes fantasment davantage sur *ce qui leur arrivera*. Et généralement, leurs rêves d'avenir impliquent toujours un homme, une rencontre romanesque et le grand amour.

ELLES ATTENDENT LE PRINCE CHARMANT

Dans les groupes de travail auxquels participent des femmes, nous demandons parfois à celles-ci d'écrire leurs fantasmes amoureux. Invariablement, les histoires qu'elles inventent comportent tous les éléments, les situations et les personnages familiers aux spectateurs de feuilletons télévisés et aux lecteurs de romans à l'eau de rose. Il y a toujours des rencontres merveilleuses, dues au hasard, dans des pays étrangers, des restaurants élégants, sur des plages inondées de soleil, avec des promenades dans la brume du petit matin. L'homme qu'elles rencontrent est généralement un inconnu, fascinant, pourvu d'un puissant magnétisme, et la femme tombe immédiatement sous le charme. La conversation avec lui est pleine d'esprit, ils échangent des propos badins, frivoles et délicieux. Ils se dévorent des yeux. La femme prend parfois l'initiative de l'amour, mais c'est généralement l'homme qui contrôle la situation avec maestria et amène la femme, avec beaucoup de tact et de douceur, au moment fatidique où elle s'abandonnera à son ardeur. La scène se passe soit dans des bains parfumés, ou devant un feu de cheminée qui s'embrase en même temps que leur passion mutuelle. L'acte amoureux commence par de tendres caresses et le désir et le plaisir atteignent des cimes jamais atteintes auparavant.

Ces fantasmes peuvent même surgir dans la tête et dans le cœur des femmes les plus intelligentes et les plus brillantes.

Mais notre propos n'est pas de démontrer que les femmes intelligentes passent leur temps à rêvasser qu'elles sont enlevées par de sombres et mystérieux étrangers, ni qu'elles sont en permanence grisées de publicité de parfums. Nous voulons expliquer que les désirs inconscients n'évoluent pas en même temps que les aspirations conscientes et les comportements sociaux. C'est précisément le gouffre qui sépare les deux qui peut être à l'origine de leurs « mauvais choix » amoureux.

Les femmes ont été à maints égards les victimes d'efforts concertés qui avaient pour but de développer chez elles un certain comportement avec les hommes. Que le message vienne des parents, de la littérature, de la télévision, du cinéma ou de la publicité, les influences sont omniprésentes. On a tout fait pour encourager les femmes à croire que le prince charmant existe vraiment quelque part.

Dans un ouvrage qui a fait époque, *In a different voice*, la psychologue Carol Gillian démontre que la femme se développe en tant que personne et plus spécifiquement en tant que femme en s'identifiant à la mère. Le développement de la personnalité de l'homme est tout à fait différent. Le garçon doit se séparer de sa mère dont il se sentait si proche, pour s'identifier à son père. C'est la raison pour laquelle l'intimité et la relation sont des objectifs premiers pour les filles pendant la petite enfance, tandis que la séparation et la tendance à l'autonomie sont des objectifs normaux chez les garçons.

Et Gillian note : « Les femmes considèrent la recherche de l'autonomie — et non l'attachement — comme une quête illusoire et dangereuse. » Ce que veut dire Gillian, c'est que malgré les changements spectaculaires de comportement et d'attitude, la plupart des femmes continuent à ressentir l'indépendance comme un état déplaisant et anxiogène. Pour notre part, nous pensons que les femmes ne retireront aucun avantage à nier ce besoin d'attachement, mais qu'il leur faut le comprendre et le placer dans une juste perspective, ce qui leur permettra de mieux choisir leurs compagnons.

Les différences de conditionnement des êtres selon les sexes entraînent des différences marquantes de comportement et d'aspirations dans le domaine des relations amoureuses. Nous tous, aussi bien les hommes que les femmes, avons besoin d'émotions et de prendre des risques. Mais alors que les hommes semblent satisfaire ce besoin dans le sport ou dans le travail (ou par procuration en regardant les sports à la télévision), beaucoup de femmes ont tendance à considérer les relations amoureuses comme seules sources de plaisir et d'émotions fortes. Cela explique, du moins en partie, pourquoi tant de femmes sont irrésistiblement attirées par des hommes qui leur posent un défi ou qui excitent leur curiosité.

ELLES ATTENDENT LE PRINCE CHARMANT

En tant que psychothérapeutes, nous travaillons également avec de nombreux patients et nous devons reconnaître que les hommes, pour la plupart, ne sont pas autant attirés que les femmes par le mystère et l'intrigue dans leurs relations amoureuses. Et en tout cas, il n'y en a aucun qui recherche le danger dans ce domaine ; en fait, la majorité des hommes a fondamentalement peur de prendre des risques dans le contexte des rapports amoureux. Les femmes qui les attirent sont surtout celles qu'ils devinent aimantes, affectueuses et loyales.

Les femmes et les transformations de la société

Pour comprendre les forces qui agissent sur les femmes actuelles, il est important de se rappeler les fantastiques transformations qui se sont produites dans les rapports entre les sexes depuis quelques années.

Le début des années 80 a été le signal du dégel de la guerre froide qui sévissait entre les sexes, du retour perceptible de l'importance de l'engagement dans les relations amoureuses, et d'une attitude générale plus favorable envers le couple et la famille. Les hommes et les femmes retournent aux valeurs traditionnelles et en intègrent de nouvelles. Voici quelques commentaires que nous avons entendus récemment dans la bouche de nos patientes et amies.

« J'aimerais tomber amoureuse, me marier et avoir des gosses... Bref, toutes ces choses qui me paraissaient démodées et ringardes il y a seulement quelques années. »

« Je ne sais plus très bien où j'en suis. J'ai mis cinq ans à obtenir ma maîtrise et j'aimerais poursuivre ma carrière. Mais j'ai trente-quatre ans maintenant, et je me rends compte que ça fait plus de six ans que je n'ai pas eu de relation satisfaisante avec un homme. Entre-temps, ma boîte m'a envoyé dans quatre villes différentes. Ce n'est pas que je n'aime pas mon travail, mais il doit quand même y avoir autre chose dans la vie ! »

LE MAUVAIS CHOIX

« J'ai l'impression d'être tiraillée. Le mariage m'attire énormément, mais j'ai les pieds sur terre et je me rends compte que cela comporte beaucoup d'obligations. Bien sûr je veux avoir un enfant. Je ne pourrais pas vous dire exactement pourquoi, c'est juste que j'éprouve quelque chose de très fort chaque fois que je vois une femme avec son enfant. Moi aussi j'ai envie d'en avoir un. Mais je ne veux pas devenir comme ces bobonnes dont la progéniture est la seule joie dans la vie. Je suis aussi déchirée dans mon boulot. J'aime mon métier d'avocate mais je sais que pour réussir il faut y consacrer beaucoup de temps. Je ne peux absolument pas faire tout ce qui m'intéresse. Oh, encore autre chose : j'en veux aux hommes ; eux, ils peuvent tout avoir : une femme, une famille, une carrière. Car s'ils réussissent, c'est bien parce qu'ils ont une épouse à la maison. C'est peut-être ça la réponse ! Savez-vous où je pourrais me trouver une femme tendre, efficace et dévouée ? »

Ce désarroi manifeste et ces contradictions profondes sont nouveaux. Les femmes intelligentes d'aujourd'hui voudraient retourner aux valeurs traditionnelles sans abandonner pour cela les droits et avantages qu'elles ont chèrement acquis. Elles se posent des questions sur elles-mêmes et sur leurs relations avec les hommes. Elles veulent désormais un homme dans leur vie et être valorisées en tant que femmes sans que soit pour autant compromise l'égalité entre les sexes.

Vingt ans se sont écoulés depuis la parution de *La mystique féminine* de Betty Friedan, qui avait réveillé le mouvement féministe assoupi depuis longtemps aux États-Unis. Le principal objectif du féminisme était de libérer les femmes de l'éducation, des comportements et des pratiques sexistes. Il cherchait à faire une réforme significative non seulement dans le monde du travail mais également dans le contexte du mariage et de la famille. Une conséquence malheureuse du féminisme, c'est qu'il a créé chez les femmes le mythe selon lequel le summum de la réalisation de soi ne pouvait être atteint qu'à travers l'autonomie, l'indépendance et la vie professionnelle. Trouver un compagnon et fonder une famille étaient des objectifs secondaires. Depuis quelques années, beaucoup de femmes ont découvert qu'à de rares exceptions près, le travail est difficile, contraignant et pas forcément épanouissant à long terme.

Alors même que nous écrivons ce livre, la défiance que les femmes éprouvent à l'égard des hommes depuis une dizaine d'années commence à diminuer. Pourtant, elles craignent encore de devenir trop dépendantes envers les hommes ou obsédées par eux. Et il nous semble que ces craintes sont légitimes.

Anne, trente-trois ans, assistante judiciaire, n'a jamais été mariée et la seule relation suivie qu'elle ait eue et qui a duré deux années s'est terminée il y a trois ans. Elle nous confie : « Je suis sortie avec beaucoup d'hommes. Maintenant je suis saturée d'aventures et j'ai envie de trouver un mari, d'acheter une maison et d'avoir un bébé — dans l'ordre — le plus vite possible. J'ai rencontré des types très bien, mais j'ai remarqué quelque chose de curieux dans ma façon de me comporter avec eux. Même quand je suis amoureuse, je m'attends à ce qu'ils " détruisent " d'une façon ou d'une autre notre relation. C'est comme si je refusais qu'ils prennent une importance trop grande dans ma vie. »

Nous pensons que nous sommes à l'aube d'une nouvelle époque. Qu'il s'agisse des hommes ou des femmes, l'indépendance des célibataires ou des divorcés est trop souvent synonyme de solitude, de problèmes économiques et de regrets. Bien que le mariage implique des obligations, il promet également une autre forme de liberté et d'autres satisfactions. Les enfants peuvent être insupportables et épuisants, mais ils sont aussi merveilleux et leur présence apporte de grands bienfaits et de grandes joies à leurs parents.

Le mouvement de libération des femmes a permis à celles-ci de prendre conscience de leur propre valeur et de leurs potentialités. Elles ont compris que leurs besoins étaient très importants et qu'elles pouvaient et devaient choisir la façon dont elles voulaient vivre. Mais aujourd'hui, les femmes veulent également avoir des relations amoureuses avec les hommes. Ayant cela à l'esprit, elles abandonnent ce qui leur reste de colère et de méfiance à leur endroit pour établir des relations de couple sur des bases d'égalité clairement définies. Elles acceptent plus facilement leur aptitude à donner de l'amour et de l'affection et éprouvent le besoin biologique et psychologique d'avoir des enfants.

Nous sommes persuadés que les femmes intelligentes prennent de plus en plus conscience que la pleine réalisation de soi ne passe pas seulement par la vie professionnelle et l'autonomie. Pas plus qu'elle ne passe par l'amour seul. La réalisation de soi a besoin des deux : l'amour et l'autonomie.

2.

LA PETITE FILLE A SON PAPA CHÉRI

Le désir d'homme idéal trouve ses racines dans la petite enfance, en particulier dans la relation existant entre père et fille. Les mouvements féministes ont heureusement mis au jour les mécanismes et les effets subtils mais néfastes du comportement sexiste des parents. Il est néanmoins probable que la plupart des femmes célibataires actuelles âgées de vingt-cinq à quarante-cinq ans ont été élevées par des parents traditionnels qui avaient des attitudes et des préjugés sexistes.

D'ordinaire, il existe une affinité naturelle et saine entre les filles et leur père, mais beaucoup de femmes ont eu avec lui une relation exagérément dépendante qui a créé un lien affectif difficile à briser. Elles aimaient leur « papa chéri », désiraient lui faire plaisir et surtout être aimées de lui. On ne les encourageait pas, contrairement à leur frère, à devenir indépendantes, d'autant plus que le père tenait à ce rôle de protecteur qu'il jouait auprès de sa fille. Il adorait l'aider et la protéger et se sentait même un peu rejeté et inutile quand elle repoussait son aide. Les mêmes hommes qui ont consciencieusement appris à leur fils à *affronter* les difficultés de la vie ont mis en garde leur fille et lui ont enseigné à *éviter* ces difficultés. La plupart du temps, les pères récompensaient leur fille lorsqu'elle se montrait douce, obéissante et passive, et leur fils lorsqu'il se montrait fort, aventureux et fonceur.

Les mères, elles, influençaient leur fille par leur propre comportement et le type de rapport qu'elles avaient avec leur époux. Certaines femmes ont eu la chance d'avoir des mères indépendantes et dont les relations conjugales étaient fondées sur l'échange et la confiance. D'autres, moins favorisées, ont eu devant les yeux l'exemple d'une mère soumise et exagérément déférente envers son mari, ce qui les a habituées à associer l'indépendance à un sentiment de peur et d'angoisse. De telles mères, en effet, étaient incapables de pousser leur fille à agir comme elles-mêmes n'avaient jamais osé le faire. C'est ainsi que des schémas de comportement timoré se sont perpétués d'une génération à l'autre. Ces mères dépendantes ont donc inconsciemment appris à leur fille à rechercher un homme qui prendra les risques à sa place et qui la protégera.

Paula, vingt-cinq ans, nous confie :

« Ma mère cédait toujours à mon père. C'est lui qui prenait toutes les décisions. Quand elle voulait acheter quelque chose, fût-ce une broutille, elle devait auparavant lui demander de l'argent... et la permission. Elle ne faisait rien sans l'avis de mon père. » Devenue adulte, Paula est la version jeune de sa mère et elle cherche un homme qui lui donnera « tout ». Si sa mère avait été plus sûre d'elle et de ses prérogatives et si elle avait manifesté ses propres désirs et besoins, elle n'aurait pas laissé le père de Paula devenir le maître incontesté de la famille. Paula aurait eu un modèle de rôles parentaux plus équilibrés, ce qui lui aurait permis d'avoir confiance en elle et d'être fière d'être une femme.

Claudette, trente-quatre ans, graphiste, décrit son enfance :

« J'ai appris très tôt à me débrouiller seule et ça me plaît. Du plus loin que je me souvienne, ma mère a toujours travaillé, et bien que ni elle ni mon père n'aient eu des professions passionnantes, ils paraissaient heureux ensemble et travaillaient en équipe. Maman avait des activités et des distractions qui lui étaient propres et mon père, non seulement la laissait faire, mais l'encourageait. Cela lui laissait probablement le champ libre pour faire ce qui l'intéressait. En grandissant, je n'ai jamais songé à être autre chose qu'une femme indépendante. On était comme ça dans la famille, tout simplement, et tout le monde était content. Je me rappelle, quand j'étais gamine, avoir fait du charme à mes parents pour qu'ils fassent à ma place des choses qui me paraissaient difficiles. Il leur arrivait de céder et de me donner un coup de main si j'en avais vraiment besoin, mais en général, ils me laissaient me débrouiller seule. Je ne dis pas que ça me plaisait, au contraire, mais je sais maintenant que c'est ce qui m'a rendue forte. »

Claudette a eu la chance d'avoir des parents affectueux et respectueux de leur personnalité mutuelle. Elle a pu s'identifier à eux, ce qui lui a permis d'être une femme active, indépendante, et totalement sécurisée par sa propre autonomie.

Louise, trente-deux ans, architecte, était la benjamine d'une famille de cinq garçons. Son éducation fut des plus traditionnelle. Son père était un homme responsable, affectueux et travailleur et sa mère se consacrait uniquement à sa famille. C'est le soutien et l'affection qu'elle reçut chez elle, enfant, qui lui donnèrent l'assurance et la confiance en soi nécessaires pour affronter les difficultés d'une vie indépendante. Ce n'était pas tant les difficultés qu'elle craignait que la dépendance et la perte de son identité qu'elle associait à la famille et aux traditions.

Louise raconte :

« Je me souviens quand maman a eu la quarantaine — j'avais quinze ou seize ans alors —, mes frères ont tous quitté la maison pour aller travailler ou faire des études ; et moi je passais tout mon temps avec mes copines. Maman n'avait plus personne de qui s'occuper. Elle était seule et déprimée. Elle s'était entièrement consacrée à nous jusque-là et quand nous n'avons plus eu besoin d'elle, elle s'est retrouvée sans but et désorientée. J'en ai éprouvé beaucoup de chagrin et me suis juré que cela ne m'arriverait jamais. »

Louise fit de brillantes études d'architecture et créa sa propre agence. « Je suis en effet devenue indépendante, ajoute-t-elle, à tel point que j'avais même le sentiment de n'avoir pas besoin d'un homme — ou plutôt du mariage — pour obtenir ce que je voulais : argent, sécurité, relations sexuelles. J'étais très heureuse comme ça, mais depuis quelque temps j'éprouve de plus en plus le besoin de fonder un foyer. J'aimerais me marier, travailler un peu moins et avoir des enfants. Mais j'avoue que j'ai peur de dépendre de quelqu'un ou d'être nécessaire à quelqu'un et de perdre ma capacité à diriger ma vie et à me sentir autonome. » La mère de Louise n'était certainement pas une mauvaise mère, elle essayait de faire ce qu'elle croyait bon pour ses enfants. Le problème est tout simplement que le monde a changé et que ce que Louise a hérité de sa mère est maintenant anachronique, et donc perturbant pour elle.

L'apprentissage de la séduction

Tous les bébés regimbent ou pleurent quand ils se sentent seuls, qu'ils sont mouillés ou qu'ils ont faim. Pleurer n'est pas une manœuvre chez les nourrissons, mais ils apprennent très vite à utiliser cette arme pour manipuler leur entourage. Ils comprennent que s'ils crient assez fort et assez longtemps ils provoqueront généralement une réaction chez leurs parents. Les larmes sont un instrument puissant mais essentiellement négatif — pas très agréable, ni pour l'enfant ni pour les parents. Le charme, en revanche, est un moyen positif pour exercer un pouvoir : les enfants adorent l'employer et les adultes n'y résistent pas. En se montrant adorable, l'enfant obtient un sourire, un baiser ou une approbation. Avec le charme, il obtient ce qu'il désire, mais c'est un moyen indirect fondé sur la manipulation des sentiments et des réactions d'autrui.

Quand ils sont tout petits, les enfants déclenchent en faisant du charme la même réaction. Mais quand ils atteignent l'âge de cinq ou six ans, c'est une autre histoire, du moins

LA PETITE FILLE A SON PAPA CHÉRI

dans les foyers traditionnels où les rôles sexuels des parents sont clairement définis. On commence petit à petit à décourager cette façon de faire chez les garçons et à l'encourager chez les filles. Les pères surtout se divertissent ouvertement de la manière dont leur petite fille les entortille en jouant les craintives et les impuissantes. Ces coquines adorent faire fondre leur papa et savent employer les stratagèmes nécessaires pour que celui-ci se sente fort et affectueux. Ce faisant, elles rehaussent le sentiment de virilité qu'ils associent au rôle de père. Avec le temps, les petites filles apprennent à agir de la même façon avec les hommes, répétant un comportement qu'elles ont copié sur leur mère.

Beaucoup de femmes nous ont confié avoir remarqué un changement d'attitude imperceptible chez leurs amies dès qu'un homme entrait dans une pièce où elles bavardaient ensemble. Non seulement par leurs propos mais par l'ensemble de leur comportement. Elles prenaient immédiatement une attitude sexuellement séduisante dans le but d'attirer l'attention et l'approbation de l'homme.

Les premières armes

Laure était fille unique. Ses parents, qui exerçaient une profession libérale, l'ont eue aux abords de la quarantaine. Depuis la tendre enfance elle avait appris à ne jamais demander quoi que ce soit directement à son père. Elle l'aimait beaucoup mais ne pouvait s'empêcher d'éprouver une crainte vague mais tenace chaque fois qu'elle s'adressait à lui. Son père avait très mauvais caractère et était très autoritaire avec sa femme et sa fille. Il faut dire qu'à part Laure, il ne dominait pas grand-chose dans la vie. C'est la raison pour laquelle il n'était pas prêt à abandonner le pouvoir dérisoire qu'il avait sur elle. Laure, de son côté, avait appris à le ménager et à l'enjôler. Elle obtenait à peu près ce qu'elle voulait de lui sans jamais le demander franchement. Avec les années, Laure en vint à détester ce père incapable de communiquer de manière simple et authentique et à ne plus avoir confiance en lui.

Malheureusement, les sentiments et habitudes acquis dans l'enfance ont contaminé les relations intimes que Laure eut à l'âge adulte. Les hommes ne lui inspirent pas confiance et elle a tendance à se montrer dissimulée avec autrui. Elle n'est pas seule dans son cas. Beaucoup de filles ont appris à se comporter comme Laure pour obtenir satisfaction — non par choix ou par désir, mais parce que leurs parents communiquaient de cette façon et qu'elles-mêmes ont compris qu'il valait mieux ne jamais demander directement et franchement ce dont on a besoin.

Comment de tels schémas de comportement se développent-ils ? Dans certains cas, ce sont les mères qui servent d'exemple à leur fille :

« Ma mère obtenait tout ce qu'elle voulait de mon père, nous confie Marie. Je pense qu'elle aurait pu arriver au même résultat en lui demandant simplement ce qu'elle voulait. Mais elle ne le faisait jamais. C'était une espèce de jeu pour elle. Je crois qu'elle prenait beaucoup de plaisir à le " téléguider " en quelque sorte, sans qu'il s'en aperçoive. J'ai fini par penser qu'il était drôlement stupide pour ne pas remarquer ses manigances. »

Karen, elle, a toujours vu sa mère jouer les « faibles » devant son père.

« Elle prenait un air perdu quand papa était là. C'était une habitude. Elle le menait par le bout du nez et il faisait tout ce qu'elle n'avait pas envie de faire elle-même. Quand elle s'apprêtait à lui sortir le grand jeu, elle l'appelait " Papa. " C'était plutôt marrant, car lorsqu'il n'était pas là, elle était solide comme un roc et se débrouillait comme un chef. »

Karen ajoute : « Je n'ai vraiment compris son attitude que beaucoup plus tard. Elle se montrait finalement très maligne avec lui. Ou très tendre et faussement câline, ou très froide et coupante. Elle était tour à tour prometteuse et menaçante, cela dépendait de ce qu'elle croyait être le plus efficace. »

LA PETITE FILLE A SON PAPA CHÉRI

Heureusement, beaucoup de femmes ont des mères qui, ayant eu des relations plus directes et plus franches avec leur mari, donnaient à leur fille un modèle de communication clair et dépourvu de ces artifices pénibles et humiliants. Une fois adultes, ces femmes suivirent la même voie et imitèrent le comportement maternel.

Il n'y a pas si longtemps, beaucoup de femmes croyaient nécessaire d'être dissimulées et retorses pour exprimer leurs besoins et leurs désirs et, sans le vouloir, enseignaient cette leçon à leurs filles.

Les enfants sont incapables de discerner si les comportements de leurs parents sont sains et légitimes ou tortueux et inappropriés. Ils se contentent d'observer ce qui se passe et en tirent des leçons. Les garçons apprennent à être des hommes, et les filles, des femmes, auprès de leur parent du même sexe. Ce processus appelé « identification » est pratiquement automatique. La petite fille ne se demande pas en observant sa mère s'il existe une autre façon pour une femme de se comporter, ni si c'est ainsi que toutes les femmes obtiennent des hommes ce qu'elles veulent. Ce n'est que plus tard que ces questions surgissent, et souvent après que les aspects les plus fondamentaux et les plus durables de l'identification se sont élaborés.

Les femmes dont les mères ont eu des relations claires et franches avec leur époux ont bien de la chance.

Charlotte, trente ans, interne en pédiatrie, a grandi dans une petite ville. Aînée de cinq enfants, elle a eu très tôt des responsabilités car elle aidait sa mère à s'occuper de ses frères et sœurs. Son père était fonctionnaire au service de l'immigration, sa mère tenait sa maison et faisait en plus la comptabilité de différentes entreprises de la ville, ce qui lui prenait tout son temps. Ses parents n'avaient pas fait d'études universitaires, mais la culture était très prisée dans la famille et marquait la vie quotidienne. « On ne dépensait pas d'argent pour des produits de luxe, nous confie Charlotte, mais on investissait beaucoup dans les livres. On ne m'a jamais refusé un bouquin dont j'avais envie. Ma mère adorait lire — aussi bien des romans à quatre sous que de la philosophie. Nous échangions les livres et, bien que mon père ne fût pas lui-même un lecteur assidu, il participait toujours à nos discussions animées et ne se gênait pas pour nous donner son opinion. Je me rends maintenant compte que maman lui était supérieure intellectuellement, mais qu'elle le respectait et l'aimait tendrement. Et cela a duré pendant toute mon enfance. Quant à mon père, eh bien, il adorait maman, tout simplement. Il est mort quand j'avais seize ans, mais je suis sûre que c'est d'avoir vu le couple qu'ils formaient qui m'a fait apprécier les hommes et ne pas me défier d'eux. Elle n'était pas seulement amoureuse de papa, voyez-vous, elle avait aussi beaucoup d'affection pour lui, et elle le trouvait très drôle. Elle qui était si gentille et égale d'humeur aimait son côté dur, macho et versatile. Elle se montrait toujours franche avec lui, même sur des sujets délicats, et même quand il n'avait pas du tout envie d'entendre ce qu'elle avait à lui dire. Il réagissait parfois vivement et il leur arrivait de se quereller, mais je sais qu'il la respectait et l'estimait et que dans le fond, il ne détestait pas qu'elle lui tînt tête. »

Devenue adulte, Charlotte n'a pas de problèmes relationnels avec les hommes. Elle les aime bien, ils ne l'intimident pas et elle n'hésite pas à s'affirmer en face d'eux quand c'est nécessaire. Ni à se montrer tendre quand elle en a envie.

Ce n'est pas seulement la mère qui influence le comportement des filles. Le père y est aussi pour beaucoup en suscitant et en renforçant l'attitude hypocrite des femmes de la maison, et cela, rarement consciemment ou intentionnellement. Nombreux sont les pères qui tolèrent ou apprécient secrètement que leur fille les mène par le bout du nez. Flattés par la faiblesse apparente, ils se sentent forts, protecteurs et nécessaires, ce qui est un élément très important de la relation mystérieuse qui lie les pères à leur fille. Beaucoup d'hommes font pour leur fille des choses qu'ils auraient refusées à leur fils en lui disant de se débrouiller tout seul. Cet exemple de

LA PETITE FILLE A SON PAPA CHÉRI

père ingénieux, toujours disponible, a conditionné beaucoup de jeunes filles qui plus tard recherchent la même chose chez leur compagnon.

Roseline a grandi dans une famille bourgeoise. Fille unique, elle était considérée comme le « bébé » de la famille et son père ne lui refusait rien. Elle était l'objet d'une attention et d'une adoration excessives de la part de ses parents qui attendaient qu'elle accomplisse des exploits dont eux-mêmes n'avaient pas été capables. Son père, véritable papa gâteau, pour ne pas dire gâteux, lui offrait tout ce qu'il pensait être le mieux pour sa petite « princesse ». Comparée au reste de l'appartement, la chambre de Roseline était meublée et décorée trop luxueusement. Ses parents se saignaient aux quatre veines pour elle et l'habillaient dans les meilleurs magasins. Le dimanche matin, son père la conduisait lui-même à l'autre bout de la ville pour qu'elle suive un office dans un quartier plus huppé. Plus il était généreux, plus elle réclamait et plus elle obtenait. Comment s'étonner ensuite qu'en grandissant la « petite Roseline chérie » soit devenue une femme avide et perpétuellement insatisfaite !

Tendre et affectueuse avec ses amants au début d'une relation, elle se montrait rapidement revendicatrice et critique dès qu'elle se trouvait devant un homme qui, contrairement à son père, ne faisait pas d'efforts herculéens pour la satisfaire. Elle était absolument déterminée à trouver un homme qui penserait lui aussi : « Rien n'est trop beau pour ma petite Roseline chérie. »

Elle ne se contentait pas d'espérer que l'on se montre gentil et généreux envers elle, elle attendait, pour ne pas dire exigeait, de ses partenaires amoureux qu'ils satisfassent tous ses désirs, et ce, sans aucune considération pour eux et sans tenir compte de leurs possibilités financières.

Lorsque Jacques, un homme de grand cœur et attaché aux traditions, lui fit sa demande en bonne et due forme et lui offrit pour bague de fiançailles un diamant de bonne taille, Roseline finit par accepter. Elle l'épousa, mais n'eut pourtant pas la satisfaction de se voir adorée et vénérée comme elle croyait le mériter. Contrairement à son attente, son mari lui tenait grief de ses revendications. Ses espérances irréalistes et non satisfaites plongèrent Roseline dans un état de frustration et de déception chronique. Quant à son mari, il finit par se sentir en permanence inapte et insuffisant, ce qui lui était très pénible.

A l'évidence, un père qui aime sa fille d'une manière saine s'attachera à ce qu'elle ait une bonne opinion des hommes. Il ne laissera pas ses propres besoins de domination et d'affection influencer son attitude envers sa fille. Il cherchera à ce qu'elle devienne aussi forte et capable que possible en grandissant. Et nous sommes heureux de constater que ce type de relation père/fille est de plus en plus fréquent de nos jours.

Le père fort

Le lien qui existe entre père et fille peut être à l'origine d'autres types de comportement chez cette dernière, en particulier lorsque l'image du père est par trop idéalisée. Il y a des exemples de père certainement difficiles à suivre. Prenons le cas d'Alice.

Son père, médecin brillant, est un très bel homme, fort distingué. Elle a beau essayer de ne pas comparer ses petits amis à son « héros », elle finit toujours par tomber dans le panneau. Autant dire que ses amoureux ne sont jamais à la hauteur. Son père, déjà remarquable dans la réalité, l'est encore plus aux yeux d'Alice qui le voit avec le regard d'une petite fille en adoration devant son papa.

Sara, ayant perdu sa mère peu après sa naissance, a été élevée par son père, producteur de cinéma dynamique, fantasque et souvent tyrannique. Sara, qui tremblait pourtant devant lui quand elle était jeune, devint une adulte méprisante envers les hommes qui ne possédaient pas la puissance et l'aura de son père. Ce qui réduisit considérablement le nombre d'hommes susceptibles de lui convenir.

LA PETITE FILLE A SON PAPA CHÉRI

Les femmes ont souvent beaucoup de mal à se détacher de leur père quand ceux-ci ont une forte personnalité. Il ne leur suffit pas, pour se libérer des liens de dépendance qui les attachent à leur père, de s'éloigner de lui physiquement. Faire des études loin de chez soi, prendre un appartement en ville ou travailler à l'extérieur ne supprime pas nécessairement ce désir d'être prise en charge. La jeune femme le transférera simplement sur l'homme avec qui elle vivra.

Briser ce lien de dépendance implique qu'il faut affronter et dépasser la peur de l'autonomie et éliminer les angoisses qui accompagnent inévitablement ce processus de libération. Il faut également faire preuve de réalisme et accepter les hommes tels qu'ils sont et non tels qu'on les voudrait, ce qui constitue une illusion puérile.

Le père absent

Les femmes qui n'ont pas eu de père, ou dont le père était souvent absent, ont été privées de l'expérience normale et nécessaire qui permet aux petites filles de faire la distinction entre la relation qu'elles ont avec leur père et celles qu'elles ont avec les autres hommes.

Quelles sont les conséquences du manque d'amour paternel chez ces femmes et comment considèrent-elles les hommes ?

Le concept de père et de mère est profondément primitif et puissant. Quand une petite fille n'a pas de père, elle s'en invente un. Ce père mythique est créé de toutes pièces à partir des films de télévision ou de cinéma, des lectures ou de l'observation des pères des petites camarades. Petit à petit, un modèle de père s'élabore et prend forme. L'image qui émerge alors est composée des éléments les plus intéressants, les plus rassurants et les plus attachants des personnalités qui ont servi de modèles. Le père imaginaire est forcément et invariablement fort et protecteur.

Cette illusion n'est pas en soi malsaine en ce qu'elle conforte la petite fille dans l'idée de ce que peut être un bon père. Malheureusement, elle donne souvent lieu à des distorsions. Il est en effet rare qu'une petite fille qui s'est créé un père mythique parvienne à imaginer que celui-ci puisse avoir des défauts.

Ce puissant besoin de père et d'amour paternel pousse souvent la jeune femme à chercher ce compagnon parfait dont elle rêvait quand elle était enfant.

Anita, qui à trente-quatre ans n'a pas encore eu de relation durable et heureuse avec un homme, nous confie :

« Mon père est mort quand j'avais deux ans, mais j'ai toujours su quel genre d'homme c'était. J'ai rêvé de lui pendant toute mon enfance. Il venait m'aider et me sauvait quand j'étais en danger. Je savais qu'avec lui j'aurais toujours été en sécurité. »

Les illusions que se fait Anita sur son père ont eu une influence prépondérante sur ses relations avec les hommes. Elle n'a toujours pas trouvé « celui avec qui elle se sentirait en sécurité », en qui elle pourrait avoir entièrement confiance, et qui ne l'abandonnera pas comme l'a fait son père. Sans compter que les hommes avec qui elle est sortie n'ont jamais été à la hauteur de l'image de « chevalier » qu'elle s'est fabriquée.

Le père froid et distant

« Mon père était " transparent ", nous dit Léone. Il était à la maison mais aurait pu tout aussi bien être absent car nous ne parlions pratiquement pas. Il ne s'intéressait ni à moi ni à ce que je faisais. On pourrait appeler ça une " non-relation ". Il ne se passait rien entre nous, pas de scènes douloureuses ou désagréables. Rien du tout. C'est d'ailleurs ça qui était douloureux et désagréable ! »

Les hommes qui attirent Léone ont tous une personnalité débordante. Elle nous en explique les raisons :

LA PETITE FILLE A SON PAPA CHÉRI

« Je continue à rechercher des hommes brillants, qui sont vivants ; j'en ai besoin. Je devrais pourtant être vaccinée car j'ai eu ma dose de ce genre de mecs. Ils sont formidables et passionnants au début, mais au bout d'un moment !... Je sais que ce n'est pas le genre d'hommes qu'il me faut, mais c'est plus fort que moi, ils m'attirent systématiquement. Je crois qu'en fait je redoute de tomber sur un homme comme mon père. »

Nicole, secrétaire juridique, était très attachée à son père et avait désespérément besoin de son affection. C'était un homme très absorbé, introverti et peu affectueux. Nicole nous raconte la scène où elle a essayé de l'embrasser, pour la dernière fois, quand elle avait onze ans :

« C'était le jour de son anniversaire. Ma mère m'avait permis de veiller pour attendre son retour — il rentrait d'un voyage d'affaires. Quand il arriva à la porte, je courus vers lui et me jetai à son cou. Mais il me repoussa. Je crois que les démonstrations d'affection l'embarrassaient. Quand je fus plus grande, ma mère m'avoua que leur vie sexuelle avait toujours été déplorable. »

Quand elle était petite, Nicole ne comprenait pas pourquoi son père ne lui témoignait aucun amour en retour.

« Je me demandais toujours ce que j'avais fait de mal et je m'efforçais désespérément d'être une bonne petite fille pour qu'il m'aime. »

Aujourd'hui encore elle essaye d'être une « bonne petite fille » avec les hommes qu'elle fréquente, et essaye désespérément de gagner leur amour. Malheureusement, son empressement excessif à plaire, sa soif d'amour manifeste fait courir les hommes... dans la direction opposée.

Le père de Linda était un alcoolique qui négligeait non seulement sa fille mais toute sa famille.

« Je ne pouvais jamais compter sur lui, dit-elle. Il était formidable quand il était à jeun mais très violent dès qu'il avait bu. Je ne me sentais jamais en sécurité, même quand il était gentil. Il n'a jamais été vraiment capable de prendre soin de nous. »

Aujourd'hui encore, à trente-neuf ans, Linda, qui est propriétaire d'un commerce, ne parvient pas à avoir confiance dans les hommes. Elle les croit tous aussi égoïstes et instables que son père. Elle a tant besoin de se sentir sécurisée et aimée, et il y a en elle tant de rancœur à cause de ce qui lui a manqué quand elle était jeune, qu'elle repousse les hommes d'emblée, de crainte qu'ils ne la laissent tomber ou ne la déçoivent d'une façon ou d'une autre.

Chercher chez les partenaires amoureux l'amour qu'un père n'a jamais donné est une quête perdue d'avance. Aucun homme, malgré tout son désir de satisfaire la femme qu'il aime, ne pourra remplacer ce qui lui a manqué quand elle était enfant. Cette sorte d'amour ne peut être donné à un enfant que par un parent. Ce besoin fondamental est rarement conscient. Les femmes qui sont à la poursuite de cet amour-là savent seulement que les hommes qu'elles rencontrent finissent toujours, tôt ou tard, par les décevoir. Or ce n'est pas forcément les compagnons qu'elles choisissent qui sont en cause, mais plutôt leurs aspirations qui sont déplacées.

Le désir secret d'être prise en charge

Beaucoup de femmes, indépendamment de leur force ou de leurs compétences, ont le secret désir d'être prises en charge. Nous l'avons dit, on n'encourage pas, par tradition, les petites filles à être autonomes. On leur apprend comment obtenir de l'aide plutôt que comment se débrouiller seules. Laure nous raconte :

« Dès que les choses se compliquaient, je faisais appel aux garçons. Je n'ai jamais compris à quel point je leur paraissais désarmée, ni à quel point je l'étais. »

On avait enseigné à Laure les moyens d'obtenir de l'aide

des hommes, pas la façon de résoudre seule un problème. Pendant que ses camarades masculins apprenaient à affronter directement les difficultés et à relever les défis de la vie, Laure, elle, apprenait à les manœuvrer pour qu'ils agissent à sa place.

Un père protecteur à l'excès peut se dire qu'il est simplement un père aimant, mais en réalité, il leurre sa fille en lui faisant croire qu'elle a besoin de sa protection. Et quand elle sera adulte, elle recherchera vraisemblablement des hommes qui pourront lui donner ce même sentiment de sécurité.

Le plus nocif dans ce désir d'être prise en charge, c'est qu'il n'est pas conscient. Rationnellement, les femmes savent bien que personne au monde ne peut les sauver ni les protéger des risques et de l'insécurité de la vie. Mais cette séduisante illusion est pourtant curieusement présente dans leurs discours. On dirait qu'elles sont mues par une espèce de radar qui les dirige sur l'homme qu'elles considèrent comme le « sauveur ». Il arrive souvent, au cours d'une psychothérapie, que les femmes les plus douées et les plus brillantes expriment le désir qu'on les prenne en charge et qu'on règle leurs problèmes pour elles.

Seulement voilà, nous avons tous autant que nous sommes envie qu'on s'occupe de nous, qu'on nous prenne en charge et qu'on nous aime. Mais il faut s'assumer soi-même, du moins en partie. On a malheureusement trop souvent conseillé aux femmes de se choisir un compagnon qui s'occupera d'elles. Or un compagnon devrait être bien autre chose qu'un moyen de résoudre un problème. Seule une meilleure compréhension des relations qu'elle a eues dans son enfance avec son père peut permettre à une femme de se libérer des espérances inconscientes qui font obstacle à ses relations d'adulte avec les hommes. L'incapacité de se détacher de son père peut être cause de conflits profonds qui risquent de nuire et de détruire les relations amoureuses les plus prometteuses.

3.

LES RÉACTIONS MASCULINES DEVANT LES FEMMES-ENFANTS

Les hommes préfèrent les femmes qui sont moins fortes et moins intelligentes qu'eux, n'est-ce pas ?
C'est faux ! Pourtant beaucoup de femmes croient encore à ce mythe largement répandu. Il est admis comme un dogme que tous les hommes fondent littéralement devant les femmes puériles, gentilles, mignonnes, et... en adoration devant eux. Nous nous proposons dans ce chapitre de vous montrer quelles sont les réactions masculines devant ce genre de femmes et ce qu'il advient de leurs relations amoureuses quand elles ne renoncent pas à leur rôle de femme-enfant.

Fragilité

Nous avons déjà expliqué comment on inculquait aux petites filles des principes qui les rendaient d'une part désarmées devant la vie et d'autre part incapables de demander franchement ce dont elles avaient besoin ou envie. Nous avons aussi montré comment ces comportements passifs étaient prisés et renforcés par leur père. En devenant adultes il est naturel que ces fillettes continuent à utiliser les mêmes stratagèmes avec les messieurs dans l'espoir que ceux-ci réagiront comme leur père. Au début, les hommes peuvent trouver la femme-enfant séduisante, flatteuse, et, partant, s'attacher à elle. Au stade initial d'une relation, la femme-enfant leur permet de croire qu'ils dominent la situation, ce qui ne laisse de les rassurer sur eux-mêmes. Robert, architecte de trente-cinq ans, marié pendant huit ans, est divorcé depuis un an. Il nous parle de Colette, qu'il fréquente depuis deux mois :

« Au début, quand j'ai rencontré Colette, je l'ai trouvée formidable, probablement parce qu'elle était le contraire de mon ex-femme ! Elle était la douceur et la féminité mêmes. Elle me donnait l'impression d'être fort et rassurant, ce qui était fabuleux car mon ex-femme m'a quitté parce que j'étais soi-disant un être insensible et égocentrique !

« Pourtant, je dois vous avouer que je commence à me lasser de Colette. Je sais qu'il y a autre chose sous les apparences, mais je n'arrive pas à trouver quoi ! Elle a un tas de qualités, c'est vrai, mais quand je lui parle au téléphone, j'ai toujours l'impression de causer à une gamine. »

Colette est très attachée à Robert, et en fait, elle est beaucoup moins fragile qu'il y paraît. Son père l'adorait et était très heureux de l'aider chaque fois qu'elle semblait avoir besoin de sa force et de sa protection. Elle croyait donc nécessaire pour séduire les hommes qui lui plaisaient de se montrer faible et fragile, n'hésitant pas pour ce faire à refouler toutes ses forces vives et ses compétences.... Finalement, elle ne réussissait qu'à faire fuir ses prétendants.

Robert, quant à lui, a découvert qu'il avait besoin de quelqu'un de moins « paumé » et de plus adulte. Ce qui lui avait été au début agréable et rassurant avait fini par déclencher chez lui de l'agacement et de la rancœur.

Si les hommes trouvent légitime la faiblesse chez une petite fille, ils la refusent chez la femme adulte car elle implique alors une contrainte qui leur pèse à maints égards, nous verrons bientôt pourquoi. N'oublions pas non plus qu'ils envient aux femmes ce privilège qui leur est socialement interdit.

Victor, professeur de sciences dans un lycée, se fait le porte-parole de beaucoup d'hommes quand il nous déclare :

« Je ne veux pas d'une femme qui me passe la main dans le

dos pour que je fasse tout le boulot. J'ai besoin d'une vraie compagne, pas d'une gosse dont je dois sans cesse m'occuper. Et moi, alors ? Qui va s'occuper de moi quand je serai au bout du rouleau ? »

La plupart des hommes ne recherchent pas un substitut d'enfant ni quelqu'un qui flatte leur vanité. Aujourd'hui plus que jamais, ils veulent une compagne. Il est important de savoir que les hommes ont eux aussi besoin qu'on les soutienne. Et lorsqu'une femme leur paraît désarmée et faible, ils craignent souvent qu'elle soit incapable de satisfaire leur besoin d'être aimé et materné.

Pour les femmes dont le comportement infantile est une stratégie de séduction, l'homme « idéal » est un substitut de père. Qu'il soit paternel ou non, c'est ainsi qu'elles perçoivent celui sur lequel elles ont jeté leur dévolu.

Les stratégies de séduction

Dans le chapitre 2 nous avons expliqué comment les enfants apprennent à se comporter pour obtenir de leurs parents ce dont ils ont besoin. Que ce soit le père ou la mère qui leur enseigne cette façon de faire, le résultat peut se révéler désastreux plus tard pour ce qui concerne les relations homme/femme.

Il est regrettable qu'un enfant grandisse avec le sentiment qu'il est nécessaire de manipuler les autres pour obtenir ce qu'il ou elle désire, car une fois adulte, il ou elle risque de se trouver pris dans le filet inextricable de menaces voilées et d'impuissance affectée. Nous savons tous que chaque fois que l'on agit de manière détournée on n'est pas très fier de soi : piètre victoire en effet qui ne rehausse en rien la confiance et l'estime de soi.

Un autre danger guette les femmes qui se conduisent ainsi : les hommes redoutent et se méfient terriblement des séductrices patentées. Les femmes ne peuvent pas se sentir bien avec les hommes qu'elles essayent de « manipuler » ou d'amadouer en se dérobant systématiquement aux discussions importantes et en refusant de formuler ouvertement et directement ce qu'elles désirent ou ce qu'elles pensent.

« Je crois qu'elle doutera toujours de mon amour », nous dit Lorenzo, trente et un ans, assistant de procureur, qui vit avec Christine, sténotypiste-juriste, depuis un an. « Elle ne cesse de me soumettre à des épreuves. Je vous donne un exemple : elle me demande de quitter plus tôt mon bureau pour emmener son chien chez le vétérinaire le jour même où je prépare le dossier d'un procès important. Il faut que je sois à sa disposition vingt-quatre heures sur vingt-quatre. Ce n'est pas qu'elle me soupçonne d'infidélité, mais elle veut m'avoir sous la main. Elle a des qualités fantastiques, mais son insécurité permanente commence à me taper sur les nerfs. J'ai été soulagé quand elle est partie en vacances une semaine chez ses parents. Je sais qu'elle a envie de se marier, mais je ne me vois pas en train de jouer indéfiniment les chevaliers servants pour lui prouver que je l'aime. »

Certaines femmes sont persuadées que la timidité affectée, la ruse et l'habileté sont absolument essentielles dans les relations avec les hommes. Que c'est l'unique moyen pour elles d'obtenir d'eux ce qu'elles désirent. Et malheureusement, la plupart de celles qui emploient des ruses plus ou moins hypocrites le font inconsciemment.

« J'avais projeté d'aller faire du ski avec un couple de mes amis pour le week-end de la Saint-Valentin, nous raconte Michel, vingt-cinq ans, étudiant. Dany fut ravie que je lui propose de nous accompagner. C'était la première fois que nous partions ensemble depuis que nous nous connaissions — environ quatre mois.

« Pourtant, quelques jours avant la date du départ, Dany commença à me faire des remarques désobligeantes sur Lorraine, la femme de mon copain. Puis elle finit par m'annoncer qu'elle ne viendrait pas avec nous car elle avait du travail en retard et voulait profiter du week-end pour le mettre à jour.

Je savais qu'elle ne me disait pas la vérité. Nous eûmes une longue conversation à l'issue de laquelle elle reconnut qu'elle m'en voulait de l'emmener en week-end avec d'autres amis. Elle aurait préféré passer deux jours en tête à tête avec moi. En amoureux.

« Au lieu de le dire franchement, elle s'était montée contre Lorraine et m'obligeait à choisir entre elle et mes meilleurs amis. Nous avons réglé le problème et passé — tous les quatre — un merveilleux séjour à la neige. Mais maintenant, quand nous discutons, je me demande toujours ce qu'elle veut *vraiment*. »

Les exemples que donnent les parents à leurs enfants peuvent être très utiles s'ils sont applicables au même type de situations. Les problèmes viennent généralement de ce que les situations ne sont pas les mêmes : ce qui était approprié avec un père peut être fatal avec un amant.

Il est important de savoir que ce qui sous-tend le comportement de séduction est la crainte de ne pas obtenir ce dont on a besoin. Chacun de nous a le droit de revendiquer la satisfaction de ses besoins fondamentaux. Ce ne sont pas ces besoins eux-mêmes qui font problème, mais les moyens mis en œuvre pour les obtenir. Il est stupide de croire que le manque de franchise et le comportement retors sont des méthodes viables pour atteindre ce but. Ces artifices ne font qu'aliéner les hommes et les faire fuir.

Besoin de dépendance masqué

Reine, dessinatrice publicitaire de talent, habitait et travaillait dans un atelier. Elle avait eu de nombreuses aventures mais jamais de relation durable. D'après ses dires, il semblait qu'elle eût besoin de son indépendance pour mener à bien sa carrière et qu'elle ne tînt pas à s'engager avec quelqu'un. Du moins jusqu'à ce qu'elle rencontre Gary, courtier en immobilier, qui apparemment n'était pas le genre d'homme qui lui plaisait. Contrairement aux artistes et écrivains qui l'avaient toujours attirée, Gary était stable et solide. Et Reine le fascinait. Elle lui faisait connaître un monde qui lui était étranger. Six mois après avoir rencontré Gary, Reine quitta son atelier pour venir s'installer dans le ranch luxueux qu'il possédait en dehors de la ville.

Marion après avoir fait des études brillantes à Vassar, travaillait depuis dix ans chez IBM. Elle s'était retrouvée enceinte à vingt-cinq ans mais avait refusé d'épouser le père de l'enfant pour ne pas perdre sa précieuse indépendance. Elle avait donc élevé seule sa fille Lily, et agissait comme une mère célibataire très dévouée. Elle venait d'être promue à un poste important quand elle rencontra Tom. Ils s'attachèrent rapidement l'un à l'autre et Marion en fut très heureuse. Non seulement Tom l'aimait, mais il s'entendait merveilleusement bien avec sa fille. Quatre mois après s'être rencontrés, Marion et Tom convolaient en justes noces.

Simone terminait son internat en chirurgie orthopédique. Les réflexions déplaisantes et agressives que lui firent ses professeurs quand elle choisit la chirurgie l'amusaient plutôt. En dépit des heures de présence pénibles et exténuantes qu'impliquait la fonction d'interne en chirurgie, elle gagna le respect de ses collègues et des chirurgiens de l'hôpital. Elle fit la connaissance de David, un interne, lui aussi, et commença à sortir avec lui. Avant lui, Simone avait systématiquement évité les aventures avec des médecins. « Quand je sors de l'hôpital, la dernière chose dont j'ai envie de parler, c'est des malades. » Pourtant, elle finit par s'attacher profondément à David et, dans la semaine qui suivit la fin de son internat, vint s'installer chez lui.

Qu'y a-t-il de commun entre toutes ces femmes ? Toutes paraissent indépendantes et autonomes. Chacune d'elles est allée vivre avec un homme qui était attiré, du moins en grande partie, précisément par ces qualités. A présent, examinons l'évolution de leur relation à chacune.

Quelque temps après que Reine, la dessinatrice, se fut installée chez Gary, elle sentit que la tension dans laquelle elle avait vécu jusque-là commençait à se relâcher. Elle se rendait maintenant compte qu'elle avait toujours été anxieuse auparavant et qu'elle avait eu beaucoup de peine, en tant qu'artiste indépendante, à se maintenir à flot. Pour la première fois depuis qu'elle avait quitté ses parents, elle avait quelqu'un avec qui partager les frais quotidiens. Pour la première fois aussi, qu'elle gagne ou non de l'argent, elle avait un toit sur la tête. Elle passait de moins en moins de temps dans l'atelier qu'elle avait aménagé dans la maison de Gary et consacrait la presque totalité de ses heures au ménage et à la préparation de petits plats mijotés pour lui. Elle ralentit son rythme de travail et cessa de se bagarrer dans sa profession comme elle l'avait toujours fait. Elle lisait des après-midi entiers et planta même un potager dans le jardin, derrière la maison. Elle rêvait de retourner aux Beaux-Arts et de se consacrer sérieusement à la peinture. Mais plus elle devenait casanière, plus Gary s'éloignait d'elle. Reine n'était plus la femme indépendante et ambitieuse dont il était tombé amoureux. Il n'avait pas la moindre vocation de mécène, ni la moindre intention de subventionner sa carrière artistique. Bref, Gary avait l'impression que Reine l'avait roulé.

Marion, qui travaillait comme cadre chez IBM, n'avait jamais été aussi heureuse de sa vie. Sa maternité et sa réussite professionnelle l'avaient comblée jusqu'ici, mais elle avait toujours désiré un père pour Lily et un compagnon pour elle. Tom était parfait — un père merveilleux et un mari tendre et affectueux. Peu après son mariage, Marion se mit à fantasmer et à éprouver le délicieux désir de quitter son travail pour devenir femme au foyer et mère à temps complet. Avant de se marier, la profession n'était pas un choix mais une nécessité.

Elle se sentait maintenant tellement sécurisée par Tom qu'elle était de moins en moins motivée dans son travail et qu'elle envisageait de plus en plus de l'abandonner. Marion découvrit qu'elle était fatiguée des responsabilités et qu'elle en avait assez de la tension quotidienne qu'impliquait son métier. Un soir, après avoir merveilleusement fait l'amour, elle confia à Tom qu'elle avait l'intention de prendre un congé sans solde pendant quelque temps. La réaction de Tom ne fut pas celle qu'elle attendait : il se montra furieux. Il ne voulait pas être seul à gagner l'argent du ménage. Il n'était pas question qu'elle s'arrête de travailler.

Simone, le médecin, avait quant à elle l'impression d'avoir passé sa vie à étudier, ce qui était en partie vrai. Elle s'était sentie à l'aise dans le milieu hospitalier et appréhendait beaucoup de s'installer à son compte. Elle prit des contacts avec plusieurs cliniques orthopédiques et reçut quelques offres intéressantes. Mais aucune n'eut l'heur de lui plaire ; il manquait toujours quelque élément indispensable pour qu'elle acceptât. Elle finit par se demander si la chirurgie orthopédique l'intéressait vraiment ; cela lui semblait maintenant un travail mécanique et trop minutieux. En revanche, la vie avec David était idyllique. Il l'encourageait à prendre son temps et à ne pas s'engager avant de trouver un groupe de médecins qui lui convienne. Il comprenait la tension à laquelle elle avait été soumise et la dépression qui l'envahissait maintenant après toutes ces années d'internat. Après tout, il avait connu ça, lui aussi.

Comme les semaines passaient, Simone se mit à envisager de s'occuper d'enfants, soit en en ayant un elle-même, soit en changeant de spécialité et en entreprenant un stage de pédiatrie, ou mieux encore, d'orthopédie infantile. Les incertitudes inhérentes à la clientèle privée lui paraissaient terrifiantes et elle regrettait les structures sécurisantes de la carrière hospitalière. Elle devint de plus en plus angoissée et paralysée. Les revenus de David suffisaient largement à les entretenir tous les deux. Simone était sûre qu'il approuverait son projet de s'arrêter de travailler pendant un temps pour réfléchir et faire le point. Mais David ne fut pas d'accord. L'indépendance de Simone et son admirable compétence professionnelle étaient ce qu'il avait le plus aimé chez elle. Elle le décevait beaucoup et il lui en voulait d'avoir perdu la tête et de vouloir être prise en charge.

Quelle fut la réaction de ces hommes quand la femme qu'ils aimaient changea du tout au tout ? Ils leur en voulurent. Cherchons à comprendre pourquoi.

Tout d'abord, ils pensaient que l'image que ces femmes donnaient d'elles au début de leur relation correspondait à ce qu'elles étaient vraiment. Lorsqu'elles changèrent, ils se sentirent en quelque sorte floués. Ces femmes avaient fait l'expérience difficile et stressante de la solitude et dès qu'elles avaient eu un compagnon sur lequel s'appuyer, avaient cru pouvoir souffler un peu. Elles avaient abandonné une importante partie de leur forte et indépendante personnalité. Et leurs compagnons virent soudain émerger la petite fille qui se cachait en elles.

En fait les hommes éprouvent comme les femmes le besoin d'être dépendants et pris en charge. Mais la plupart renoncent à ces désirs pour des questions d'adaptation sociale : ils n'ont pas d'autre choix que celui de s'assumer. Et c'est parce qu'eux-mêmes ont des fantasmes de dépendance qu'ils envient les femmes et leur en veulent secrètement d'avoir, elles, le choix.

En outre, les hommes vivent mal leur besoin de dépendance. Ils ont toujours entendu dire que c'était là un manque de virilité et s'interdisent donc de s'y laisser aller. Lorsque ces besoins sont trop évidents, les hommes en éprouvent de la gêne et même de la honte.

C'est ce que Raoul exprime lorsqu'il nous décrit sa relation avec Dina, coiffeuse. « Ce qui m'attirait chez elle, c'est qu'elle était jolie, marrante, sportive et autonome. Nous avions décidé de vivre ensemble pendant un an avant de nous marier et d'avoir des enfants. Nous voulions être sûrs de bien nous entendre dans le quotidien. Elle m'avait fait part de son désir d'avoir son propre salon de coiffure, aussi avions-nous décidé de faire des économies pour acheter un salon et une maison. En attendant, nous avons loué ensemble un appartement, et c'est là que les choses ont changé ; on peut dire du jour au lendemain. Avant, elle travaillait tard trois ou quatre après-midi par semaine, mais soudain elle cessa de prendre des rendez-vous après une certaine heure pour rentrer tôt à la maison et me préparer à dîner. Puis elle commença à se plaindre de sa patronne et à me dire qu'elle ne pouvait plus la supporter. Un jour elle s'arrêta purement et simplement de travailler. Et maintenant, elle me dit qu'elle veut qu'on se marie le plus tôt possible. Tous les mois, je crois qu'elle va m'annoncer qu'elle est enceinte. Bien qu'elle ne travaille plus elle me traite de " sale macho " si je ne lave pas la vaisselle ou si je ne l'aide pas à faire le ménage. Je crois qu'en fait, elle veut tout à la fois : être traitée comme une enfant et comme une femme. »

Raoul a du mal à satisfaire Dina, d'autant plus qu'il lui en veut de pouvoir choisir le rôle qui lui convient. « J'ai l'impression qu'elle a tous les avantages et que moi je suis coincé dans mon rôle de mec », nous confie-t-il.

Il n'y a certainement rien de mal à vouloir s'appuyer sur quelqu'un — les amants, la famille, et les vrais amis sont faits pour cela. Et bien sûr, la plupart des hommes d'aujourd'hui comprennent que les femmes qui travaillent ont besoin de prendre un congé quand elles ont des enfants et que ceux-ci sont petits. Mais quand ce besoin d'être prise en charge est dissimulé pour émerger de façon soudaine, il peut être à l'origine de graves problèmes.

Beaucoup de femmes, particulièrement depuis quelques années, ont appris à celer leur besoin de dépendance, non seulement aux autres mais à elles-mêmes.

Elles se considèrent comme autonomes et sûres d'elles.

LE MAUVAIS CHOIX

Elles recherchent des hommes qui ne se contentent pas d'accepter leur indépendance mais qui l'apprécient, et elles sont choquées quand leur « façade » de femme forte s'écroule. Naïvement, la petite fille qui se cache dans ces femmes présume que l'homme « idéal » qu'elles ont choisi sera capable de s'adapter à leurs nouvelles revendications et à leur nouvelle manière d'être. Car, évidemment, un homme, un vrai, ne devrait avoir aucun grief contre ce besoin de dépendance. Pourtant, le plus souvent, ce sont les « vrais hommes » qui ne l'acceptent pas. Ils sont tombés amoureux d'une femme indépendante sans se douter qu'il y avait en elle une petite fille bien encombrante.

Heureusement, il y a des signes précurseurs qui révèlent ce besoin caché de dépendance. Les ouvrages de Penelope Russianof *Why do I think I'm nothing without a man?* [1] et de Colette Dowling *The Cinderella complex* [2], traitent de ces problèmes avec une grande perspicacité. Par exemple lorsqu'une femme associe le mariage à l'idée de sécurité, tout en sachant raisonnablement qu'il ne peut en aucun cas être une protection absolue contre les aléas et les difficultés de la vie.

Le besoin de dépendance peut également se cacher sous un autre déguisement : celui d'une chipie qui cherche à tout prix à dominer son compagnon. Janine, vingt-six ans, acheteuse dans un grand magasin, nous confie :

« Avant Pierre je n'hésitais jamais à me montrer tendre et affectueuse avec mes amants. Mais avec lui, je me sens terriblement angoissée. J'ai besoin de le mettre à l'épreuve et de savoir qu'il m'aime plus que je ne l'aime. Je veux qu'il me donne tout et moi je ne donne rien, j'agis comme une vraie garce. J'ai tellement peur qu'il me domine et qu'il me rejette ! »

---

1. Pourquoi j'ai l'impression de ne pas exister sans un homme. (*N.d.T.*)
2. Le complexe de Cendrillon. (*N.d.T.*)

En ne s'abandonnant pas complètement à son amour pour Pierre et en ne lui manifestant pas son affection, Janine n'a pas à lui avouer à quel point elle a besoin de lui, et, partant, n'a pas non plus à en subir les conséquences éventuelles. Lorsque nous nous laissons aller à la tendresse et à la vulnérabilité, notre besoin de dépendance surgit immanquablement.

Beaucoup de femmes quittent subitement une profession difficilement acquise dès qu'elles s'attachent à un homme qui représente pour elles une sécurité économique. Elles commencent à rêver de reprendre des études ou de développer leurs possibilités créatrices. Ce que bien des femmes ne comprennent pas, c'est que beaucoup d'hommes voudraient faire de même mais que la plupart ne peuvent laisser libre cours à leur créativité. Car s'ils n'ont pas de fortune personnelle, avoir une activité parallèle, non ou peu rémunérée, ou reprendre des études doit s'insérer dans un emploi du temps consacré à des activités professionnelles. Dès lors, il n'est pas surprenant que la femme qui désire abandonner son travail pour se réaliser pleinement soit en butte au ressentiment profond de son compagnon qui, lui, ne peut se permettre un tel luxe, d'autant plus qu'elle lui demande, de surcroît, de la soutenir.

Les femmes ne peuvent changer radicalement, aussi bien dans leurs objectifs que dans leur comportement, et s'attendre à ce que leur compagnon leur accordent systématiquement leur bénédiction et leur aide. Les changements ne sont acceptables que dans la mesure où ils sont progressifs et mutuels.

La soif d'amour insatiable

Les petits enfants sont liés à leurs parents par un cordon ombilical de dépendance saine et nécessaire. L'amour d'un enfant pour son père et sa mère est essentiellement égoïste et égocentrique. Ce n'est que lorsque le processus de socialisation s'affermit que les enfants apprennent à tenir compte des désirs et de la sensibilité d'autrui, commencent à faire l'expérience magique de la réciprocité et éprouvent du plaisir non seulement à recevoir de l'amour mais à en donner.

Tous les enfants n'ont pas grandi dans la même atmosphère. Certains d'entre nous ont eu la chance de se sentir estimés et aimés par leurs parents. D'autres, hélas, ont été frustrés d'affection. Ces blessures laissent des cicatrices qui ont une incidence sur la faculté d'aimer autrui et soi-même et peuvent à l'âge adulte agir comme une barrière contre l'amour. Au lieu de susciter la compassion et la compréhension que nous sommes en droit d'attendre des autres, ces cicatrices douloureuses ont souvent l'effet inverse et éloignent les gens de nous.

Il est paradoxal et regrettable que les femmes qui ont le plus besoin d'amour soient celles qui ont le moins de chances de le trouver, d'autant moins qu'elles ne sont pas conscientes des signaux de désespoir qu'elles envoient et qui risquent de faire fuir les hommes. Elles ne refusent pas nécessairement de s'avouer ce besoin mais elles ne se rendent pas compte de la manière dont elles communiquent ce besoin aux hommes.

Le désespoir d'une femme peut être ressenti par les hommes comme un gouffre, un puits noir et sans fond. Cela les terrifie littéralement. Le désespoir ne révèle en aucune façon la capacité *d'aimer*, il crie seulement le besoin violent *d'être aimée*. Cette avidité muette est aussi évidente qu'un message tatoué sur le front qui dirait : « Aimez-moi, je vous en prie, aimez-moi ! »

Il y a une chose fondamentale que les femmes doivent comprendre à propos des hommes. Tous nos patients, même les plus sûrs d'eux et les moins fragiles, nous confient que ce qu'ils recherchent en partie dans une relation c'est l'affection, la chaleur, la sensibilité, qualités qu'ils trouvaient chez leur mère quand ils étaient petits. Les hommes ont beau ne jamais l'avouer, cela n'en reste pas moins vrai. Même aujourd'hui,

LES FEMMES-ENFANTS

alors qu'il est prétendument admissible que les hommes aient « besoin de tendresse », ils craignent encore de paraître « faibles » quand ils l'expriment. Bien qu'il y ait encore des hommes qui refusent de reconnaître ce besoin d'affection, la plupart d'entre eux apprécient un certain côté maternel chez les femmes. Quand ce côté maternel est absent, les hommes peuvent en conclure que la femme est trop préoccupée d'elle-même ou que son désespoir est trop grand. Pourquoi ? Parce que les hommes interprètent l'absence de composante maternelle comme un besoin de prendre par opposition à une aptitude à donner.

Comment ce besoin excessif d'amour est-il perceptible ? Les hommes réagissent à des indices extrêmement subtils. Leur radar commence à émettre des signaux quand les femmes donnent de l'importance à une relation bien avant qu'elle ait eu la chance de se développer réellement. Ils repèrent immédiatement les attentes trop précoces, trop intenses. Ils perçoivent le besoin excessif d'amour d'une femme quand celle-ci exprime trop tôt et trop vite sa tendresse, ou quand le « je t'aime » comporte un point d'interrogation muet à la fin — demande non formulée d'être rassurée. Une femme désespérée exige un engagement avant même que la graine amoureuse ait germé. Elle ne laisse pas à l'amour le temps de se développer à son propre rythme. L'avidité sentimentale empoisonne une relation bien avant que l'histoire d'amour ait même commencé.

La femme qui nie son besoin d'amour excessif est fréquemment déconcertée quand ses amants la laissent subitement tomber. En se rappelant les moments passés ensemble, elle ne peut trouver ce qu'elle a dit ou fait intentionnellement qui justifie le fait qu'ils ne donnent plus signe de vie.

Dorothée est ingénieur, elle a trente-sept ans. Abandonnée par des parents alcooliques quand elle avait cinq ans, elle a été élevée par sa grand-mère plutôt bigote. Elle ne s'est jamais mariée et n'a jamais vécu avec un homme. Elle fréquente des clubs de célibataires mais quand un homme sort avec elle une fois, il est rare qu'il demande à la revoir. Dorothée nous décrit sa situation :

« Je n'ai connu que trois hommes dans toute ma vie, et ça n'a pas duré longtemps. La relation la plus longue a tenu un an. Je ne cherche pourtant pas la lune — juste un type bien et gentil. J'aimerais tant avoir un enfant et je sais qu'il ne me reste pas beaucoup de temps pour ça. Je sais écouter, je suis de compagnie agréable et j'essaye de paraître sûre de moi, décontractée et de me montrer drôle ; pourtant je continue à faire fuir les hommes. Bien sûr que je suis désespérée et que j'en souffre ! Ne seriez-vous pas pareil à ma place ? »

Dorothée n'a pas seulement l'air gentil, elle l'est. Son problème c'est que ses échecs relationnels avec les hommes ont développé en elle une peur grandissante, qui tourne à la panique, de ne pas trouver quelqu'un qui l'aime. Peu importe le mal qu'elle se donne pour le cacher, cette peur est évidente et les hommes ne trouvent malheureusement pas cela attirant, mais au contraire effrayant.

Bien que ce genre de femmes soient souvent parfaitement capables d'aimer et d'être aimées, les hommes ont tendance à les fuir. Les rejets répétés renforcent le sentiment profondément ancré de ne pas être « aimable » et ne sert qu'à intensifier le besoin excessif d'amour et ses manifestations.

Charles, expert dans une compagnie d'assurances, parle de ses réactions envers Georgette, une collègue avec laquelle il a eu une courte aventure.

« Je ne sais pas exactement ce qui m'a déplu en elle. Elle était très séduisante : sympathique, jolie, pleine d'allant. C'est peut-être qu'elle se donne trop de mal pour plaire. Nous sommes sortis plusieurs fois ensemble, au cinéma, au restaurant, et à chaque fois, elle s'est montrée trop reconnaissante. Elle ne cessait de me demander si elle était habillée comme il le fallait et m'a littéralement poussé dans son lit au deuxième rendez-vous. Maintenant quand je la vois, je baisse la tête, je courbe le dos, bref, je me recroqueville. Et pourtant, elle ne fait rien d'autre que se montrer amicale. »

LES FEMMES-ENFANTS

Bien que Charles ne comprenne pas tout à fait sa propre réaction, il a en tout cas horreur de ce besoin d'amour excessif bien qu'inexprimé. Les femmes qui sont trop amoureuses, et trop vite, fichent une trouille bleue à ces messieurs. Si elles étaient moins désireuses de plaire, les hommes seraient davantage enclins à les aimer. Vous devez avoir l'impression que nous sommes en train de dire « N'ayez pas faim » à quelqu'un qui meurt d'inanition, ce qui serait ridicule. Ce n'est pas ce que nous voulons dire. Le désespoir est un symptôme de piètre estime de soi et de pessimisme sur ses propres possibilités d'être aimé. La seule solution durable pour une femme, c'est de développer sa confiance en soi et de transformer l'image qu'elle a d'elle-même pour pouvoir enfin se percevoir comme un être qui mérite d'être aimé. Or la femme désespérée attend des autres qu'ils reconnaissent sa valeur. Elle croit à tort que l'homme « idéal » sera la solution à ce sentiment d'incomplétude. Non seulement c'est faux, mais en étant poussée par de tels sentiments, la femme a toutes les chances de détourner les hommes d'elles.

Le premier obstacle à franchir pour venir à bout de ce désespoir, c'est de reconnaître et d'accepter cette avidité affective. Seulement alors sera-t-il possible, non pas de la nier ni de la supprimer, mais de la dominer ? Il est nécessaire d'acquérir de la confiance en soi et de permettre aux relations de se développer progressivement et mutuellement au lieu de précipiter les choses.

Maîtriser cette soif inextinguible d'amour n'est pas tâche facile. Il faut être persuadée que c'est possible et que l'estime de soi en sortira grandie — ce qui est vrai. D'ailleurs, le fait même de chercher les moyens d'affirmer sa confiance en soi est un facteur qui atténue le désespoir.

Le besoin de dépendance est une source de problèmes aussi bien pour les hommes que pour les femmes, surtout quand ils essayent de le nier, car c'est alors qu'ils se comportent de façon inadéquate, ce qui les mène à coup sûr à l'échec. Il serait bon, à mesure que se développe une relation entre deux partenaires, que les sentiments d'insécurité soient formulés, et que les besoins affectifs soient exprimés pour pouvoir être finalement satisfaits au travers d'un échange mutuel entre l'homme et la femme.

Il est vrai que certains hommes recherchent des femmes dépendantes — qu'on ait tant besoin d'eux renforce l'image qu'ils ont d'eux-mêmes. En fait ces hommes ne se sentent bien que dans le rôle de « Zorro ». Si ces êtres chevaleresques vous font rêver, mesdames, n'oubliez pas qu'ils sont généralement de véritables tyrans ! Prenez garde : ce genre d'homme a tendance à saboter toutes les tentatives d'autonomie de la femme qu'il aime — et souvent avec une telle subtilité qu'elle ne s'en apercevra même pas.

Nous constatons que les femmes d'aujourd'hui comprennent qu'elles ne peuvent plus obtenir, ni rêver obtenir, ce que leur père leur donnait. Elles assument la responsabilité de leur devenir et ont le sentiment de leur propre valeur. D'elles seules dépend leur réalisation, et c'est parce qu'elles en sont persuadées qu'elles sont capables de s'engager dans des relations d'échange et de partage avec leur compagnon sans perdre pour autant leur autonomie et leur individualité, ce qui est la condition *sine qua non* pour qu'une liaison amoureuse soit réussie et durable.

4.

LES RÉACTIONS MASCULINES DEVANT LES FEMMES DE CARACTÈRE

Afin de mieux comprendre les hommes et la façon dont ils considèrent les femmes, il est important de ne pas ignorer les images, les peurs et les désirs qui constituent la psyché masculine. Nous avons remarqué que les femmes croient connaître les hommes alors qu'elles méconnaissent souvent les forces profondes qui induisent le comportement masculin. Or cette compréhension est essentielle pour faire de « bons choix ».

Depuis les premières manifestations de la civilisation, les hommes ont toujours éprouvé un respect mêlé de crainte devant l'aptitude des femmes à donner la vie. Après bien des tentatives et des erreurs ils ont trouvé le moyen formidable de conjurer cette peur. Ils l'ont tout simplement refoulée et ont fait croire aux femmes qu'ils étaient les plus forts et que c'étaient elles, en réalité, qui avaient besoin d'eux. Cette stratégie servait plusieurs objectifs. Les hommes, en ayant le sentiment d'être nécessaires aux femmes, pouvaient ignorer leur propre besoin de dépendance, se sentir plus forts et rester maîtres de la situation. Chaque fois que les humains ont peur, ils créent des mythes pour soulager leurs angoisses. Les hommes ont donc inventé des mythes relatifs aux femmes. En étudiant la mythologie et les fables, on discerne la peur et l'envie sous le fin vernis de la prétendue supériorité masculine. La diversité des mythes que les hommes ont créés pour se rassurer est véritablement renversante. Ils vont de la mère nourricière à la putain insatiable. Certaines fables évoquent des créatures déchaînées et incontrôlables dont les désirs charnels ne peuvent être satisfaits par aucun homme. Dans de nombreuses cultures on a dépeint la femme comme une enchanteresse, une ensorceleuse qui détourne les hommes du droit chemin. Dans la Bible, Ève déploie des ruses « féminines » pour induire Adam en tentation. Dans la mythologie grecque, les sirènes possédaient des pouvoirs mystérieux et effrayants, et leur puissance était telle qu'elles pouvaient entraîner les hommes à leur perte.

Au Moyen Âge, avec l'essor du christianisme, les vertus les plus prisées chez les dames étaient la pureté et la virginité. Le but n'était pas tant de modeler les femmes à l'image de la Vierge Marie que de s'assurer de leur fidélité à leur compagnon — moyen ô combien efficace conçu par les hommes !

Vous vous dites peut-être : « Les temps sont autres, nous vivons différemment aujourd'hui ! » Mais bien que nous soyons plus sophistiqués que nos ancêtres, et que nos connaissances sur la nature humaine soient plus approfondies, nos instincts fondamentaux et notre inconscient profond n'ont guère changé. Tout comme les premières œuvres d'art connues, créées par les hommes, étaient des symboles de fertilité, notre perception première du sexe opposé est enracinée dans les limons des civilisations archaïques — leur influence, peut-être en grande partie inconsciente, est néanmoins prépondérante et nous affecte tous autant que nous sommes.

La mère toute-puissante

C'est au cours de la petite enfance que les hommes commencent à éprouver des sentiments de peur et d'envie, et ne perdons pas de vue que ces sentiments continuent à exister en eux une fois devenus adultes.

Les hommes dépendent des femmes dès les premiers

moments de leur existence. C'est la mère qui, traditionnellement, reconnaît et satisfait tous les besoins de son fils. C'est elle qui le nourrit, le réconforte et se montre attentive à son bien-être et à ses moindres changements d'humeur. Le père n'est souvent qu'une figure inconsistante et mystérieuse. Traditionnellement aussi, c'est lui qui gagne le pain de la famille et il a donc moins de temps à consacrer à sa progéniture. Prenons l'exemple d'un petit enfant qui tombe, il s'écrie « Maman ! » plutôt que « Papa ! »

Bien que depuis quelques années les pères aient un rôle plus actif auprès de leurs enfants, la plupart des hommes actuels ont été entourés par des femmes quand ils étaient petits — leur mère, les amies de leur mère, et les maîtresses d'école. La compagnie des femmes, alliée à l'absence du père, est la raison qui fait dire que les hommes sont exagérément « féminisés » à l'âge tendre.

La mère joue un rôle prépondérant dans la vie du petit garçon. Très attaché à elle au départ, il devra pourtant apprendre à se dégager de son influence pour développer sa personnalité masculine et se définir en tant que garçon, et plus tard, en tant qu'homme. S'il n'y parvient pas, son identité sexuelle risque d'être incertaine et floue.

Les garçons qui restent trop proches de leur mère sont en danger car les sentiments agréables d'intimité et de dépendance qu'ils éprouvent finissent par aboutir à la peur de se sentir faible, « poule mouillée » ou « petit garçon à sa maman ». Les pères font souvent des remarques désobligeantes à leurs fils lorsque ceux-ci sont trop dans les jupes de leur mère et qu'ils ont trop besoin d'elle. Sans compter qu'ils risquent les railleries et l'ostracisme des petits copains de leur âge. Pourtant, même adultes, les hommes continuent à avoir en eux ce désir d'être dans les bras d'une mère aimante — désir qui souvent s'exprime à l'occasion d'un danger imminent, d'un chagrin ou d'une célébration quelconque. Les hommes blessés sur un champ de bataille ne crient-ils pas tous instinctivement « Maman ! » ? Et ne voit-on pas souvent des hommes en pleine possession de leurs moyens retomber en enfance dès qu'ils souffrent d'une maladie, même bénigne ? Ils se comportent ainsi pour deux raisons. La première c'est que la maladie fait resurgir les souvenirs anciens de l'époque où leur mère inquiète, attentive et aimante s'occupait d'eux. La seconde, c'est que la maladie leur donne enfin l'occasion justifiée de s'abandonner à leur désir d'être maternés. Ils peuvent laisser tomber leurs défenses et se faire dorloter sans se sentir honteux du plaisir qu'ils éprouvent à être traités comme des bébés.

Quand, à l'âge adulte, les hommes ont des relations intimes avec une femme, ils éprouvent à la fois de la peur et du plaisir — le plaisir d'être choyé par une femme et la peur que les sentiments de dépendance et d'impuissance profondément enfouis depuis l'enfance ne les submergent.

Un paysagiste de trente-six ans nous confie :

« Chaque fois que je me laisse aller à tomber amoureux j'éprouve un sentiment de malaise et de peur. Je crois que j'oublie à quel point je peux être dépendant. Au début, je me sens merveilleusement bien, mais au bout d'un moment je fais de ma compagne le centre de ma vie. Le matin quand elle part travailler, j'ai du mal à la laisser s'en aller. Je m'attache tellement à elle que je finis par me sentir faible. C'est un sentiment tellement pénible qu'après un certain temps je m'éloigne d'elle. Je ne veux laisser aucune femme avoir un tel pouvoir sur moi. »

Ses sentiments ambivalents non résolus envers sa mère influencent malheureusement toutes ses relations avec les femmes. Il est l'exemple type de l'homme qui refuse perpétuellement de s'engager. Sa mère était trop protectrice et dominatrice et il lui était très attaché — trop peut-être. L'intensité de son besoin affectif déclenche en lui une peur tout aussi intense d'être envahi par la femme aimée et de se sentir diminué par le besoin qu'il a d'elle.

Affirmer que les hommes ont peur de l'intimité serait erroné. Nous pensons qu'ils en ont envie. Mais ils ne savent

LES FEMMES DE CARACTÈRE

pas s'accommoder des sentiments d'impuissance qui accompagnent l'effondrement de leurs défenses quand ils s'autorisent à avoir besoin d'une femme. Ils craignent que leur maîtresse ne soit pas aussi affectueuse et aimante que leur mère telle qu'ils s'en souviennent ou telle qu'ils auraient souhaité qu'elle fût. Nous n'insinuons pas pour autant que tous les hommes recherchent des substituts de mère, mais, comme nous l'avons déjà fait remarquer, la plupart d'entre eux sont sensibles aux qualités maternelles des femmes. La vérité est que les hommes, dans leur majorité, n'ont pas toujours envie d'être durs et qu'ils apprécient les femmes qui comprennent et acceptent cela, et qui sont elles-mêmes assez tendres et maternelles pour satisfaire ce besoin quand il se manifeste. Nous voulons vous faire comprendre que finalement les hommes aiment et peuvent avoir besoin de sentir chez une femme un côté tendre et maternel. Ils ne veulent pas forcément en profiter tout le temps, mais plutôt s'assurer de son existence et savoir qu'ils ont la possibilité de venir parfois se faire dorloter pendant de brefs mais non moins agréables moments.

Nous croyons que les femmes qui refusent de reconnaître ce besoin masculin ne peuvent que faire de mauvais choix. Les hommes sont en effet très sensibles aux qualités maternelles d'une femme — vraiment très sensibles. Et les signaux d'alarme ne tardent pas à s'allumer si ces qualités ne se manifestent pas en temps voulu. Marc, vingt-neuf ans, employé dans un établissement de prêts, nous explique ce qu'il recherche dans une relation amoureuse :

« J'arrive à un âge où je me rends compte que j'attends beaucoup d'une femme. J'ai envie qu'elle soit forte et indépendante, mais je sais que j'ai aussi besoin qu'elle soit tendre, affectueuse, et même maternelle de temps en temps. Je ne suis pas fier de moi en disant ça, mais j'avoue que je ne pourrai pas dire " je t'aime " à une femme sans être certain qu'elle possède ces qualités. »

Les mères ont un pouvoir important sur leurs fils, un pouvoir qui aura une influence sur leurs futures relations amoureuses. Les femmes ne peuvent supprimer ces influences, mais elles peuvent apprendre à les comprendre.

Les nouveaux impuissants

Depuis la révolution sexuelle, les femmes revendiquent le droit d'exprimer ouvertement et librement leurs besoins et leurs désirs sexuels. Mais bien que cette libération des mœurs ait été bénéfique à la fois pour les hommes et pour les femmes, il faut reconnaître que depuis quelques années les hommes éprouvent l'angoisse croissante de ne pas être « à la hauteur », sexuellement parlant.

Les hommes ont perdu le pouvoir sexuel qu'ils avaient depuis si longtemps sur elles. Cette forme récente d'impuissance, malheureusement de plus en plus fréquente, peut être si grave que certains hommes préfèrent s'abstenir de toute relation sexuelle.

Bien que beaucoup d'hommes prétendent apprécier les femmes actives en amour, il leur arrive de douter de leurs propres capacités sexuelles. Il est vital que les femmes intelligentes et évoluées reconnaissent et soient sensibles à ces doutes.

Le mouvement des femmes a encouragé les hommes à être moins « machos » et à exprimer plus ouvertement leurs sentiments. Mais ce faisant, elles ont ouvert la boîte de Pandore des angoisses masculines. En refoulant leur sensibilité, les hommes refoulaient également certaines peurs, qui depuis ont resurgi.

Prenons le cas de Philippe, qui au cours d'une psychothérapie de groupe faisait sarcastiquement remarquer qu'il avait fait de nets progrès dans l'expression de ses sentiments :

« Je me sens plus proche des femmes maintenant. Je suis moins sur la défensive avec elles et je laisse tomber mes défenses, mais le problème, c'est que je suis devenu un amant déplorable, surtout avec les femmes très libres sexuellement. Quand une femme me fait des avances, je me recroqueville littéralement et je me tire aussi vite que je peux ! »

Espérons que les hommes dépasseront ce stade transitoire, mais il faut savoir qu'il y a beaucoup de Philippe autour de nous qui ne savent pas très bien comment concilier les anciennes et nouvelles approches amoureuses.

Les hommes ont besoin d'être sûrs d'eux sexuellement. Les femmes ont parfois du mal à saisir la nature complexe et subtile de la sexualité masculine et elles sont surprises et déconcertées par cette angoisse qu'ont les hommes de la performance sexuelle.

Pour eux, l'importance de l'activité sexuelle réside davantage dans ce qu'elle « signifie » que dans le plaisir qu'elle procure. Alors que les femmes évoquent surtout leurs expériences sexuelles en terme d'intimité, d'émotions et de plaisir sensuel, l'activité sexuelle comporte pour les hommes une composante symbolique importante qui implique un accomplissement et une conquête. Les hommes éprouvent bien sûr un plaisir physique à faire l'amour, mais l'acte sexuel a pour eux une autre signification, et non des moindres : l'affirmation de leur virilité. Rien ne peut être plus angoissant pour un homme que de se sentir amoindri dans le domaine sexuel, tant il est vrai que sa virilité est souvent le pivot de son identité.

La conséquence de cette angoisse est que la plupart des hommes rêvent d'avoir un « phallus en acier » et une érection dure et constante — aussi bien symboliquement que littéralement. Ils ont le désir d'être forts, durs, de se lancer dans l'action et de se sentir puissants. Si certains hommes craignent de se montrer mous en dehors du lit, ils redoutent encore plus de se montrer mous au lit !

Lorsqu'un homme est anxieux au cours d'un rapport sexuel, des substances similaires à de l'adrénaline sont émises qui affectent le fonctionnement du système nerveux sympathique. Ce qui a pour effet de resserrer les vaisseaux sanguins.

Cette vasoconstriction empêche l'irrigation sanguine du pénis, rendant l'érection difficile ou impossible à maintenir. En d'autres termes, son angoisse concernant sa performance sexuelle est confirmée.

La peur de la mollesse (symbolisée par la détumescence) est une menace pour les hommes car elle évoque un sentiment primitif d'impuissance. Les hommes pensent qu'ils doivent être « durs » et rester « durs » pour réussir. Ne pas l'être ne peut que conduire à l'échec et à la honte.

Qu'éprouvent les hommes pour leurs partenaires sexuelles quand ils essuient de tels déboires ? Le fantasme rassurant du phallus en acier disparaît pour laisser place à une profonde angoisse souvent liée à la peur de la castration. Nous voulons dire par là que l'homme craint de se livrer et de faire confiance à la femme. Se laisser aller sexuellement signifie pour lui qu'il se soumet à elle. Comme l'explique Carol Gilligan : l'homme a peur d'être pris au piège, englouti, et d'éprouver un sentiment d'impuissance. Évidemment, il ne redoute pas une castration réelle, mais il craint de perdre quelque chose de vital — sa force. Quand il ne peut avoir d'érection, ou quand il a peur que cela lui arrive, il se sent démuni et vulnérable devant la femme, car pour lui la performance sexuelle est liée à la force et à la virilité.

Michel, célibataire, a trente-cinq ans. Il réussit très bien professionnellement, se sent sûr de lui et à l'aise avec les femmes. Pourtant il est taraudé par la crainte de ne pas pouvoir satisfaire ses partenaires.

« Même si je suis très excité, il y a toujours un moment où je me demande si mon excitation va descendre jusqu'à mon pénis. C'est un doute qui me tourmente mais, Dieu merci, je n'y prête pas toujours attention. »

Lorsque nous recevons des couples en psychothérapie, les hommes nous confient fréquemment qu'ils apprécient que leur partenaire prenne plus souvent des initiatives au lit mais que lorsqu'elle le fait, les ennuis commencent. Ils ont soudain le sentiment d'être pris au dépourvu et sans défense ou fatigués, ou préoccupés par des problèmes professionnels, et deviennent incapables de maintenir une érection. Ils comprennent alors qu'ils n'ont pas vraiment envie que leur partenaire soit plus active sexuellement mais plutôt qu'elle manifeste plus franchement son désir. Et quoi qu'en disent les hommes, la plupart préfèrent décider du moment et de la fréquence des rapports amoureux.

Quand ils ont une relation suivie avec une femme, certains hommes n'osent pas dire à leur partenaire qu'ils n'ont pas envie de faire l'amour. Ils ne se rendent pas compte que c'est tout à fait normal, car la plupart ont été élevés dans l'idée que l'homme devait toujours « être prêt ». Ils emploient alors un moyen, malheureusement généralisé, pour éviter de faire l'amour : ils provoquent une querelle qui justifiera leur froideur.

Linda craignait que Marc perdît de son ardeur et que leur vie sexuelle ne se réduisît bientôt à néant. Au bout de quelques mois frustrants, ils décidèrent de venir consulter. Marc prétendait qu'il n'avait plus envie de faire l'amour parce qu'ils se disputaient trop souvent le soir. Après avoir cherché ensemble les raisons de cette inimitié vespérale nous découvrîmes que Marc déclenchait systématiquement des querelles byzantines au moment de se mettre au lit. Querelles qui prenaient de l'ampleur et créaient un climat belliqueux peu propice aux ébats amoureux. Marc finit par prendre conscience qu'il redoutait les relations sexuelles et que son appréhension lui faisait chercher des moyens pour s'y soustraire et éviter l'angoisse qui l'étreignait au moment de faire l'amour.

A cause de cette inquiétude de la performance sexuelle, quand un homme déclare qu'il désire une femme sexuellement plus active, il veut généralement dire qu'il souhaite une femme qui répondra merveilleusement et passionnément à son désir chaque fois que *lui* aura envie de faire l'amour. Nous ne prétendons pas que cette attitude masculine est légitime ni que les femmes ne doivent pas prendre d'initiatives en amour, mais il faut savoir que les hommes sont intimidés par les femmes sexuellement agressives. C'est un facteur dont elles doivent tenir compte avant de prendre la décision qui s'impose.

Non seulement les hommes sont angoissés par leur capacité d'érection, mais ils sont déroutés par l'orgasme féminin. Il n'y a pas si longtemps, l'orgasme féminin était encore un mystère aussi bien pour les hommes que pour les femmes. Quand le processus orgastique féminin fut expliqué, les hommes furent confrontés à un phénomène qui ne laissait pas de les fasciner, mais de les inquiéter aussi.

Alors qu'autrefois les hommes ne se sentaient pas coupables quand leur compagne ne jouissait pas, ils savent maintenant que toutes les femmes peuvent avoir un orgasme pour peu qu'elles et leurs amants aient la patience, le désir et l'habileté nécessaires. Les femmes d'aujourd'hui attendent de leurs amants qu'ils montrent davantage de patience et de sensibilité. On ne saurait le leur reprocher.

Malheureusement beaucoup d'hommes considèrent cette sensibilité et cette patience comme astreignantes. Et quand l'homme se force, la femme le sent. Il remarque alors qu'elle s'est aperçue de ses efforts et cela ne fait qu'aggraver la situation car ils se sentent tous deux mal à l'aise. Ils finissent par s'épuiser, leur angoisse mutuelle s'alimentant réciproquement.

Phil nous exprime ses craintes de la manière suivante :

« Je sors en ce moment avec une femme qui m'est très chère. Au début, nous faisions merveilleusement bien l'amour ensemble, mais ça n'a pas duré. Maintenant, je jouis le premier et j'essaye ensuite de la satisfaire. Je fais de mon mieux. J'en ai vraiment envie. Mais au bout d'un moment je m'épuise et mon désir s'éteint. Alors elle commence à se sentir coupable et fait à son tour des efforts, ce qui lui coupe son envie. »

Pour éviter la tension décrite plus haut, beaucoup d'hommes s'appliquent à ce que leur maîtresse jouisse la première.

LES FEMMES DE CARACTÈRE

Mais en agissant ainsi, leur excitation retombe. Le moindre signe de « ramollissement » déclenche leur inquiétude et risque de sonner le glas de leurs attentes. La qualité de l'érection varie souvent avec l'intensité de l'excitation. C'est pour cette raison que les hommes supportent mal le flux et le reflux du désir pendant l'amour. Ce n'est pourtant qu'en acceptant ces rythmes tout à fait naturels qu'ils peuvent apprendre à se détendre, à moins se presser, et à faire l'amour avec satisfaction. Fort heureusement, il semble que les hommes sachent de plus en plus comment s'y prendre.

« J'avais tellement peur de débander, nous confie l'un d'eux, que je faisais l'amour dans la précipitation. Maintenant je suis plus décontracté. Advienne que pourra, de toute façon, ça n'est pas grave, mon érection reviendra tôt ou tard, je le sais ! »

Pour résumer, gardons à l'esprit que le besoin de s'affirmer sexuellement est à l'origine de bien des angoisses masculines et de la peur qu'ils ont des femmes impérieuses en amour. Quant aux femmes, elles doivent comprendre cela si elles veulent avoir des relations harmonieuses et satisfaisantes avec les hommes. Beaucoup nous ont dit leur surprise de voir que certains hommes avec qui elles avaient passé une merveilleuse soirée et une nuit fantastique dès le premier rendez-vous ne les rappelaient plus jamais. Ils ont peut-être eu peur de ne pas se montrer aussi ardents la fois suivante. Ce stress qu'ils s'imposent en voulant à tout prix accomplir des prouesses sexuelles pousse beaucoup d'hommes à ne plus se manifester, laissant leur maîtresse d'une nuit se demander de quoi elles se sont rendues coupables. Il arrive aussi que les deux partenaires aient été anxieux et qu'ils n'aient pas bien fait l'amour ce jour-là. Il se peut alors que la dame n'entende plus parler de son amant d'un soir. Les hommes ont plus de mal que les femmes à accepter le fait que les maladresses en amour sont normales au début. Ils craignent que cela ne se reproduise.

Si nous apprenions tous à nous détendre et à éprouver du

plaisir en en donnant à quelqu'un qui nous plaît, nous aurions beaucoup moins de problèmes. Mais nous croyons trop fréquemment que notre valeur intrinsèque dépend à un degré important de nos talents au lit et de nos prouesses sexuelles.

La réaction passive au pouvoir des femmes

Certains hommes résolvent leur peur de la force des femmes en adoptant un rôle passif. Au lieu d'affronter leur angoisse, ces hommes succombent entièrement au désir de se faire prendre en charge par « maman », la femme forte qui dispensera des soins et des attentions maternelles. Nous l'avons dit, les hommes comme les femmes ont envie d'être choyés. Mais certains ne veulent pas autre chose. Le problème dans leur cas, c'est que la peur des femmes, toujours présente, est maintenant cachée.

Les hommes qui ne donnent pas l'impression de passivité mais qui recherchent systématiquement des femmes fortes sont, en termes psychanalytiques, « oraux ». Leur besoin d'être alimentés est insatiable et ils le comblent souvent par l'alcool ou les drogues. Ils se laissent prendre en charge par des femmes qui viennent à leur secours. Ces malheureuses se fourvoient complètement en s'imaginant que ces hommes traversent une mauvaise passe et qu'ils récupéreront bientôt grâce à leurs soins et à leur tendresse.

Bob travaille sporadiquement comme vendeur ; il a de l'énergie lorsqu'il est motivé, mais se désintéresse vite de ce qu'il fait. Il part donc volontairement ou il est renvoyé. A vrai dire, il préfère ne pas travailler. Cela lui laisse plus de temps pour faire du ski, courir le guilledou, boire un coup, se droguer, bref, « s'éclater ». Michelle est tombée amoureuse de lui sur-le-champ bien qu'il ne lui ait pas caché son goût pour la bouteille. Elle voyait bien que Bob était un indolent et un jouisseur invétéré, qu'il ne faisait preuve de sérieux ni dans son travail ni dans leur relation, mais elle était persuadée qu'il avait un potentiel caché qui ne demandait qu'à surgir. Elle était déterminée à le « sauver ». Il vint bientôt s'installer chez Michelle et son besoin d'être materné se fit encore plus sentir. Elle était une véritable mère nourricière pour lui. Ses amis l'avertirent que Bob ne serait jamais le mari responsable dont elle avait rêvé mais elle persistait à croire que l'attitude de Bob était momentanée et qu'il reprendrait bientôt le dessus. Or l'état de son bien-aimé ne fit qu'empirer, il se mit à boire davantage et se montra de plus en plus irritable et irrationnel. Après avoir supporté moult vexations et humiliations, elle finit tout de même par le mettre à la porte, et ne renonça à lui qu'après s'être rendu compte que ses problèmes étaient trop graves pour qu'elle puisse y apporter remède ou y changer quoi que ce soit.

L'homme passif est souvent quelqu'un de sensible, non dépourvu de possibilités mais qui, précisément à cause de sa passivité, ne parvient pas à se faire une place dans le monde. Comme nous l'avons déjà dit, certaines femmes sont inexorablement attirées par ce genre d'hommes. Mais plutôt que de les accepter tels qu'ils sont, elles se mettent en tête d'être de « bonnes mères » et de les aider à développer leurs dons potentiels. Elles les encouragent à laisser libre cours à leur force et à leur énergie, et ces messieurs ne regimbent pas et semblent accepter de bon cœur le programme qui leur est proposé.

Malheureusement, il existe des hommes passifs qui sont du type passif-agressif. Ce qui signifie qu'ils s'entêtent rageusement à ne rien changer dans leur comportement tout en faisant semblant d'être placides et amènes. Ils n'ont pas la moindre intention de s'activer et saboteront toute tentative qui visera à les transformer. Ils rendront folles leurs compagnes pour se venger peut-être de n'avoir pu se rebeller contre leur mère.

Jimmy, vingt-sept ans, s'est installé comme comptable indépendant immédiatement après avoir terminé ses études.

Il semblait avoir de grandes difficultés à démarrer. Il manquait d'esprit d'initiative et d'assurance pour aller chercher de nouveaux clients. Dès qu'il était déprimé, il rentrait chez lui, se mettait au lit et lisait. Contrairement à lui, sa compagne Colette, conseillère financière, était très entreprenante et réussissait très bien. Sur sa demande, il accepta d'entreprendre avec elle une psychothérapie. Elle nous confia au cours d'une séance qu'elle lui demandait seulement d'être plus actif et entreprenant en affaires. Il sourit et acquiesça, comme si c'était également son plus cher désir, ce qui à l'évidence était faux. Jusque-là, Jimmy avait toujours rencontré des femmes fortes qui avaient essayé de l'aider. S'il donnait l'impression de vouloir changer, il enrageait intérieurement que ces femmes ne l'acceptent pas tel qu'il était. Colette finit par comprendre qu'elle ne supportait pas sa passivité fondamentale et qu'il lui fallait renoncer à ses espérances si elle voulait tout de même vivre avec lui. Elle reconnut par la suite qu'elle se sentait plus à l'aise et plus en sécurité quand c'était elle qui menait la barque.

Les crises relationnelles ne se résolvent pas toutes aussi aisément, surtout quand c'est l'homme qui est passif et la femme active. La plupart d'entre eux s'acceptent tels qu'ils sont, mais les femmes qu'ils épousent se font souvent des illusions sur leur compte et se leurrent dangereusement sur leur nature profonde. Il s'agit pour ces femmes de faire un travail sur elles-mêmes et de comprendre qu'elles se choisissent de tels compagnons, non à cause de leur force potentielle mais bien parce qu'elles se sentent mieux dans un rôle dominateur. Être une aide dévouée est un excellent moyen de régner sur son compagnon — on se valorise en étant une compagne concernée et pleine de sollicitude.

Il arrive cependant qu'un homme passif à l'excès jalouse sa compagne et lui en veuille. Anne, la quarantaine, est divorcée depuis trois ans. Son ex-mari était un homme fascinant, d'une nature sensible et créatrice, mais qui ne réussissait pas professionnellement. Anne prit conscience, sur le tard, hélas, de l'hostilité et de la jalousie qu'il éprouvait à son égard — elle qui réussissait très bien dans l'industrie des loisirs. Il avait beau s'accrocher à elle, il ne cessait de la critiquer chaque fois qu'elle menait une entreprise à bien. Lui qui n'avait rien fait pour canaliser sa propre énergie vers un objectif particulier lui tenait rigueur de ses capacités et de sa réussite bien qu'elle se soit montrée généreuse à son égard et lui ait dispensé aide, conseils et encouragements. Anne n'éprouva aucune colère mais une grande tristesse en prenant conscience de l'animosité profonde de son ex-mari à son égard car elle comprit que lui-même n'était pas conscient de la rage qu'il refoulait.

Il est très important que les femmes de caractère puissent compter sur le soutien authentique de leur compagnon et qu'elles ne se sentent pas menacées par de l'estime mêlée d'hostilité. Dans une relation saine, les deux partenaires endossent, tour à tour, le rôle parental. Une femme doit éviter le piège de se montrer toujours maternelle avec un homme. En effet, le « fils » en voudra tôt ou tard à sa « mère » de la dépendance dans laquelle elle le tient et il la laissera tomber pour des petites amies !

La peur des femmes hostiles

L'un des effets du mouvement de libération des femmes fut une explosion de rage et d'hostilité. On sait qu'une minorité longtemps brimée, quelle que soit cette minorité, a tendance à exploser de colère dès que les chaînes se brisent. C'est exactement ce qui s'est passé.

Le problème central était celui du viol. Les femmes ne décoléraient pas : cet acte de violence et de dégradation était traité avec légèreté et indulgence, non seulement dans les tribunaux mais dans les esprits masculins. Le viol devint le symbole de l'oppression dont les femmes souffraient depuis des siècles.

Il y avait un autre problème important, celui de l'exploitation des femmes dans le domaine professionnel. Des facteurs essentiels tels que l'inégalité des salaires et la discrimination sexuelle sur les lieux du travail furent enfin traités avec le sérieux qu'ils méritaient. Les injustices étaient flagrantes et incontestables, pourtant les efforts pour supprimer les torts faits aux femmes restent encore laborieux.

La réaction des hommes devant ces débordements de colère fut complexe. Certains d'entre eux, aveugles et insensibles aux problèmes d'inégalité, eurent véritablement besoin d'être éduqués, ne fût-ce que pour en prendre conscience. Mais beaucoup d'hommes avaient conscience des réelles injustices et inégalités. Ils comprenaient que les principes de base du féminisme étaient justifiés et légitimes mais prirent peur devant la colère qu'ils virent surgir chez les femmes, alors même qu'ils essayaient d'être plus réceptifs à leurs problèmes.

Notre propos est bien d'évoquer la *colère* et non l'affirmation de soi. L'affirmation de soi est en effet une manifestation claire de la personnalité alors que la colère est un sentiment violent et négatif. On confond malheureusement souvent les deux. Cela est en partie dû au fait que l'affirmation de soi peut être alimentée par des ressentiments anciens, ce qui rend difficile la distinction entre une attitude d'affirmation de soi et une attitude de revendication.

N'imaginez pas que nous conseillons aux femmes d'être passives ou de refouler leur légitime colère. Nous décrivons simplement l'impact que peut avoir ce sentiment violent et remarquons que la frontière entre l'affirmation de soi et la revendication rageuse n'est pas toujours nette, en particulier sur un lieu de travail.

Melinda est directrice de marketing pour une grande entreprise de manufacture. Elle est brillante, ambitieuse et sûre d'elle. Lorsqu'elle prit ce poste de responsabilité, ses collègues masculins se moquèrent d'elle sous cape et dirent qu'elle était encore plus « macho » qu'eux. Au bout d'un certain temps, ils se sentirent de moins en moins à l'aise avec elle. Elle n'en devint que plus dure, et eux, moins coopératifs. Ce qui ne fit qu'apporter de l'eau au moulin de son amertume. Plus elle se montrait autoritaire, plus ils s'éloignaient. Ce qu'elle refusait de comprendre, c'est qu'ils auraient eu la même attitude avec un homme.

Au cours d'une interview, Jane Evans, vice-présidente de la General Mills Corporation, une des femmes ayant accédé à l'un des postes les plus importants des États-Unis, dressait la liste des qualités nécessaires aux femmes dans le monde professionnel. Selon elle, il leur faut « être vives, chaleureuses et avoir de l'humour ». Elles doivent en outre se montrer « déterminées sans être inflexibles » afin que les hommes apprennent à se sentir à l'aise avec elles. Dans le chapitre 12, nous examinerons les façons dont on peut parvenir à l'équilibre entre la force et la douceur.

La confusion entre colère et revendication de ses droits est très néfaste aux femmes quand elles s'appliquent aux relations amoureuses. Les femmes comme les hommes se sentent puissantes quand elles expriment leur colère. Mais cela ne peut se faire qu'au détriment de l'harmonie du couple. Les femmes en colère font peur aux hommes. C'est aussi simple que cela. Ils redoutent davantage la colère chez une femme que chez un homme à cause de leur profond besoin d'affection. Il n'est jamais agréable d'être l'objet d'une colère. Aussi beaucoup d'hommes font-ils demi-tour devant les femmes hostiles.

Béatrice, comédienne de trente-trois ans, est absolument persuadée que son attitude cynique et amère envers les hommes en général, et ses amants en particulier, est bien dissimulée. Elle se trompe. Elle possède un sens de l'humour corrosif et s'attaque aux points faibles des hommes avec une précision de chirurgien. Au début, subjugués par sa beauté et son esprit, lès hommes ne se rendent pas compte de son hostilité envers eux ; elle les charrie avec tant de drôlerie que la plupart s'écroulent de rire.

LE MAUVAIS CHOIX

Jérôme, trente-neuf ans, interne des hôpitaux, était fasciné par Béatrice qui s'exprimait et se comportait librement et apparemment sans le moindre effort. Avant de la rencontrer, Jérôme avait l'habitude de fréquenter des femmes qui s'adaptaient à son style de vie et à son emploi du temps. Il n'en fut pas de même avec Béatrice dont le rythme de vie était encore plus frénétique que le sien. Jérôme fit des efforts pour elle : il assistait aux représentations et passait beaucoup de son temps en compagnie des amis de Béatrice. Il la voyait quand elle était disponible, et elle l'était quand ça lui chantait, bien que Jérôme fît lui-même des efforts pour se rendre libre au pied levé, et se faire remplacer à l'hôpital. Quand ils passaient un moment ensemble, c'était rarement seuls, mais toujours en compagnie des amies de Béatrice à qui elle confiait, derrière le dos de Jérôme, qu'elle « travaillait un médecin au corps ». Elle disait qu'elle ne voulait pas rencontrer ses amis à lui parce qu'elle trouvait les médecins — sauf lui, bien sûr — trop ennuyeux. Bien qu'à l'évidence elle appréciât et respectât Jérôme, Béatrice n'hésitait jamais à critiquer et dénigrer la gent masculine chaque fois que l'occasion se présentait.

Un soir, au cours d'un dîner, il y eut une discussion passionnée à propos d'un nouveau réalisateur. Jérôme, qui s'était absenté un moment, demanda, en reprenant sa place, de qui il s'agissait. Béatrice se tourna vers lui et lui dit : « N'essaye pas de comprendre, chéri, on parle cinéma ! »

Jérôme, profondément humilié, n'ouvrit plus la bouche de la soirée. Il raccompagna Béatrice chez elle, la laissa devant sa porte et ne lui donna plus jamais signe de vie.

« J'étais toujours sur la défensive avec elle, nous confia-t-il au cours d'une séance. Au début ça me plaisait. Elle avait une manière de lancer des vannes acerbes et blessantes qui était assez piquante, mais j'étais censé ne pas remarquer que mes blessures saignaient. Elle ne s'attendait certes pas à ce que je lui fasse prendre conscience de son hostilité. »

Il est important, aussi bien pour les hommes que pour les femmes, de reconnaître que nous avons tous été marqués par des événements pénibles du passé. Qui n'a jamais été blessé ou déçu ? Chaque fois que nous rencontrons une nouvelle personne ou que nous nous trouvons dans une nouvelle situation qui évoque inconsciemment une blessure ancienne, nous avons tendance à réagir avec méfiance, colère ou amertume. Il faut apprendre à distinguer les situations où cette hostilité est appropriée de celles où elle ne l'est pas. Si un homme mérite la colère d'une femme, elle n'a aucune raison de l'épargner. Il n'est pas question qu'elle refoule ou refrène un sentiment légitime. Mais si cet homme n'est qu'une cible pratique qui lui sert à régler des comptes anciens qui ne le concernent pas, elle ferait mieux de se maîtriser. Exprimer une colère injustifiée ne peut que faire fuir celui qui en pâtit.

5.

POURQUOI LES HOMMES SÉDUISANTS FONT-ILS LE MALHEUR DES FEMMES ?

« Quel salaud ! Chaque fois que je commence à croire qu'il tient vraiment à moi, il me pose un lapin ou me joue une entourloupe. Il faut que je fasse ce qu'il veut, quand il veut. Je sais que je devrais l'envoyer paître mais j'en suis incapable. Avec lui j'éprouve des émotions intenses que je n'avais jamais éprouvées auparavant. »

Des propos de ce genre viennent de femmes qui sont même gênées de les tenir. Elles ont souvent du mal à comprendre pourquoi elles s'embarquent dans des relations aussi douloureuses. Elles se sentent victimes et pourtant choisissent systématiquement des hommes qui les rendront malheureuses.

Personne ne veut être malheureux, n'est-ce pas ? Eh bien c'est faux ! Le chagrin et l'anxiété peuvent être sources de sensations exquises, alors que la routine d'une relation stable et solide peut exsuder d'un ennui mortel.

Certaines femmes désirent vivre des amours qui n'ont que peu de chance de durer mais qui sur le moment leur paraissent excitantes, dangereuses et irrésistibles. L'amour peut être un délicieux tourment. Il est immanquablement lié au désir et à la tristesse, sentiments qui ont des origines aussi lointaines et primitives que les premières émotions de l'enfant. Le besoin, l'amour, la satisfaction et le désir engendrent un état de tension et d'incertitude. Bien qu'il paraisse redoutable, l'état de tension est intense et enivrant. Il déclenche notre système d'alarme interne, il signifie que l'on vit, que l'on vibre, que l'on existe !

Les femmes actuelles traversent une période transitoire. Elles sont prises entre la sécurité illusoire des rôles traditionnels et la tentation de se réaliser en dehors de ces rôles. Elles réexaminent et redéfinissent les idées qu'elles se font d'elles-mêmes et de leurs relations avec les hommes. Elles attendent et réclament davantage de sensibilité de leur part et aimeraient qu'ils aient assez de force et de souplesse pour ne pas se braquer contre les transformations qu'elles essaient d'entreprendre.

Pourquoi alors cette fascination pour les « bourreaux des cœurs » et le manque d'intérêt pour les « gentils » ? Le mari responsable, qui se tue au travail et ne comprend pas grand-chose aux intérêts et aux besoins grandissants des femmes, n'est plus un partenaire satisfaisant. Les femmes ont également cessé d'être attirées par les hommes poétiques et sensibles à l'excès, car leur manque de punch et d'agressivité n'en font certainement pas des battants, des ambitieux, bref, des maris susceptibles de les protéger et de gagner de l'argent.

Aujourd'hui, les femmes recherchent des hommes exceptionnels qui soient à la fois fascinants, séduisants, solides et sensibles, chaleureux et protecteurs. Facile, non ?

Malheureusement, certaines femmes pensent vraiment qu'elles vont trouver cette perle rare. Elles passent à côté d'hommes possédant des qualités authentiques mais qui ne sont évidemment pas parfaits, et se lancent dans des relations mirobolantes prometteuses de sensations fortes.

Qui sont ces gentils ?

Beaucoup de femmes réagissent au mot « gentil » comme s'il signifiait « niais ». Elles vous diront en parlant de ce genre d'homme : « C'est un jobard qui est en admiration devant ma personne et qui veut passer vingt-quatre heures sur vingt-quatre avec moi. »

Elles peuvent aussi avoir une attitude méfiante devant la gentillesse. C'est ce que nous expliquait une de nos patientes :

« Il était plein d'attentions, il paraissait sincère et sérieux. Alors j'ai laissé tomber mes défenses, je me suis montrée plus ouverte et affectueuse que je ne l'avais été depuis longtemps. Il a passé la nuit chez moi et je lui ai laissé voir qu'il me plaisait. Le lendemain matin il m'a dit qu'il m'appellerait le soir même. Il avait semblé si désireux de me séduire que je n'en ai même pas douté. Pourtant il ne l'a pas fait. Au bout de quelques jours, c'est moi qui l'ai appelé et il s'est lancé dans une histoire abracadabrante, avec la véhémence qu'ont les hommes quand ils mentent. Je crois qu'il s'était montré gentil pour me séduire. »

Il est clair que la gentillesse d'un homme suscite des réactions très différentes chez les femmes. Ce que nous entendons par « gentillesse » c'est l'honnêteté, la sensibilité, la sincérité, la force et la capacité d'aimer. Cela semble beaucoup, n'est-ce pas ? Pourquoi les femmes ne sont-elles donc pas attirées par les hommes qui possèdent ces qualités et ne les apprécient-elles pas comme elles le devraient ?

Examinons de plus près ce comportement masculin particulier. Il est certain qu'il correspond à deux types d'hommes bien différents : ceux qui sont authentiquement gentils et ceux qui font semblant de l'être. Les premiers possèdent des qualités de générosité réelles tandis que les autres portent un masque pour se protéger. Beaucoup de femmes confondent les deux.

Quand « gentil » est synonyme de « faible »

Depuis une vingtaine d'années, les hommes ont beaucoup évolué. Pendant les années 50, il était généralement admis que les hommes étaient insensibles, peu aptes à l'émotivité, fonctionnant comme des robots avec des attitudes « macho ». Tandis que la *beat generation* louait les vertus des aventures et des expériences sexuelles, la plupart des Américains lisaient *Playboy*. C'était l'époque des hommes qui portaient les cheveux en brosse, des chemises sport à col boutonné et des pantalons de treillis. Ils regardaient les matches de foot à la télévision le dimanche, et redoutaient plus que tout la crise économique. Ils avaient la responsabilité de gagner le pain de la famille et envisageaient rarement que leurs femmes puissent avoir une profession et faire carrière elles aussi.

La fin des années 60 et le début des années 70 marquèrent le commencement d'une ère nouvelle : les hommes se laissèrent pousser les cheveux, au propre et au figuré. Erich Fromm écrivait *L'art d'aimer*. Fatigués de parader dans leur armure, les hommes commencèrent à découvrir et à accepter les aspects de leur personnalité les plus refoulés : la vulnérabilité et l'émotivité.

A la fin des années 60, beaucoup de femmes refusaient la contrainte des rôles sexuels rigides et stéréotypés auxquels elles avaient été assujetties jusque-là. Elles faisaient l'expérience de la liberté sexuelle et prenaient de plus en plus d'assurance. Ces changements révolutionnaires incitèrent les hommes à canaliser leur peur et leur défiance pour s'identifier à ces nouvelles femmes. Ils dissimulèrent dès lors leurs craintes sous un masque superficiel de compréhension et d'empathie.

Ce « faux gentil » est un véritable loup déguisé en agneau. Il est souvent difficile de le démasquer car il est très adroit, mais en y regardant de plus près, on peut cependant déceler ses manœuvres. Il présente trois traits de caractère fondamentaux. Tout d'abord, il ne se met jamais en colère — du moins, pas au début. Ensuite, il est exceptionnellement sensible et compréhensif — là encore, pour peu de temps. Et enfin, il est toujours prêt à soutenir et à aider la femme, à condition que celle-ci lui exprime très vite et très souvent sa gratitude et qu'elle lui consacre tout son temps.

En réalité, ce type d'homme manque de confiance en soi, déchiré qu'il est entre son besoin irrésistible et sa crainte secrète des femmes. Son besoin d'elles est en effet si puissant qu'il s'identifie à leur lutte pour manifester sa sensibilité et gagner leur confiance. Mais attention ! Ce même « gentil » est tout à fait capable de détruire subtilement la femme dès qu'il sent qu'elle devient trop forte et trop indépendante.

Jim en est un exemple flagrant. Il a subi un certain nombre d'échecs sentimentaux dans le passé mais parvient à bien dissimuler ses cicatrices et semble apparemment n'en tenir aucune rigueur à la gent féminine. Il est brillant, sensible, mais un peu sur la défensive, surtout au début. Il a tendance à s'intéresser aux problèmes de l'humanité et affecte une attitude positive envers la lutte des femmes. Les gens bruyants et agressifs l'horripilent. Sa dernière petite amie était trop « branchée » pour lui, c'est du moins ce qu'il prétendait. Quant il n'est pas d'accord avec quelqu'un il s'enferme dans son mutisme et boude. Il dit qu'il est attiré par les femmes fortes et qu'il aime leur « courage », mais plus une femme s'affirme, plus il rentre dans sa coquille et se montre critique et subtilement répressif avec elle. Finalement, un homme comme lui ne donne que pour recevoir.

A l'évidence ce type de « gentil » est à éviter comme la peste. Plutôt que d'être un soutien, il vampirise sa compagne et lorsqu'elle commence à se plaindre de son attitude il la trouble encore davantage en niant la validité de ses reproches. Une femme intelligente démasquera rapidement cet imposteur en le poussant au-delà de la limite où n'importe quel autre homme sortirait de ses gonds. S'il ne réagit pas, c'est que son comportement patelin est feint et qu'il cherche à masquer sa peur. Il est regrettable que certaines femmes ne fassent pas confiance à leur intuition et se sentent coupables de leur attitude soupçonneuse envers cette merveille de la nature. En général, les « gentils » qui font naître ces sentiments sont des gens ambigus et leur bienveillance n'est probablement qu'une façade.

Quand le « gentil » paraît faible mais ne l'est pas

Nous l'avons remarqué, les hommes ont appris à nier, ou à essayer de nier leur besoin de dépendance alors que dans le même temps les femmes ont traditionnellement appris à l'accepter et à s'en prévaloir.

Jenny, institutrice de trente-trois ans, désirait mettre un terme à sa liaison avec Frédéric, qui enseignait dans la même école. En effet, s'il était intelligent, sensible, attentif à elle, Jenny fut désorientée quand il lui avoua qu'il n'était pas sûr de lui et craignait qu'elle se fatigue de lui et le quitte.

Bien qu'elle l'admît avec quelque difficulté, la vulnérabilité de Frédéric embarrassait Jenny. Elle y voyait un signe de faiblesse ; d'ailleurs elle avait la même réaction quant à sa propre vulnérabilité. Dans son esprit, un homme « fort » devait toujours se sentir sûr de lui et ne pas douter de sa relation avec une femme.

Heureusement, Jenny suivit les conseils de ses amis et renonça à quitter Frédéric. Avec le temps, elle en vint à voir la vulnérabilité de son ami non comme un défaut mais comme une conséquence naturelle de sa sensibilité. La sincérité de Frédéric permit à Jenny d'avoir confiance en lui et de le respecter comme elle n'avait encore jamais respecté aucun homme. Elle le dit elle-même :

« J'ai eu un peu de mal à m'y habituer, mais j'apprécie vraiment sa sincérité. Je sais que je ne suis pas moins forte quand je lui dis qu'il m'a fait de la peine ou que j'ai besoin d'être réconfortée, et j'aime le fait qu'il fasse pareil avec moi. C'est drôle, mais quand je le compare à d'autres hommes, c'est lui qui me paraît plus fort. Les autres ressentent la même chose que lui, mais n'ont pas le courage de le reconnaître et d'en parler. »

Toute relation nécessite un équilibre délicat entre la détermination et le respect de l'autre. Depuis quelques années les femmes jouent un rôle de plus en plus grand dans le couple. Les hommes, certains, du moins, se sont adaptés à ces changements positifs. Il n'en reste pas moins vrai que la détermination va parfois à l'encontre de la sensibilité. Les femmes revendiquent la possibilité de décider, mais elles laissent souvent les hommes prendre les rennes.

Adam, directeur d'une entreprise de travaux publics, trente-quatre ans, observe :

« Ce n'est pas si facile d'organiser une soirée. J'aimerais faire quelque chose d'intéressant et que l'on décide ensemble. Mais souvent elles s'en remettent à moi quand je leur demande où elles veulent aller dîner. Alors maintenant, depuis quelque temps, je choisis un restaurant tout seul et je leur dis : " J'ai réservé une table à tel endroit, et si tu veux bien, je passe te prendre à huit heures. " J'ai l'impression que les femmes préfèrent que j'agisse ainsi. »

Cet homme essentiellement accommodant a appris à éviter d'être considéré comme une chiffe par les dames. Mais elles y perdent quelque chose — la nature conciliante d'Adam leur permettrait de participer plus activement à leur relation, ce qui serait certainement plus enrichissant pour elles.

Gentil ne veut pas dire romantique

« Il est adorable et je sais que je peux compter sur lui pour tout. Il est tellement gentil, mais... il ne me fait pas planer. »

Une femme peut reconnaître qu'un homme est bon, responsable et aimant — ce qui n'est pas une mauvaise combinaison — et finir tout de même par le trouver ennuyeux, s'il n'y a pas entre eux un minimum de tension, d'émotion ou de mystère.

L'amour nous transforme, nous fait vibrer, palpiter, planer, nous rend beaux et séduisants. Les termes mêmes que l'on utilise pour décrire l'état amoureux sont révélateurs : on parle de magie, de courant, d'étincelles. Ressentir ces émotions fortes nous fait vivre dans un état inhabituel, et quand nous rencontrons quelqu'un qui est simplement « gentil », nous n'éprouvons pas ce genre d'émotions.

« Il était formidable, super-gentil, et il me disait que j'étais merveilleuse. Je crois que c'est le genre d'homme avec qui j'aimerais me marier le jour où j'aurai envie de stabilité. Mais en tout cas, ce n'était pas l'amant de mes rêves. »

Au début d'une relation, nous nous attendons à éprouver des émotions intenses et nous sommes frustrés si nous en sommes privés. Nous nous sentons déprimés, vides et déçus si l'amour ne nous enflamme pas. Il y a une raison très simple à cela. Nos partenaires sont, dans une certaine mesure, le reflet de notre propre valeur, de notre pouvoir de séduction. Si un homme paraît fade et sans surprise, une femme peut craindre qu'il en aille de même pour elle et qu'elle paraisse — Dieu l'en préserve — insipide.

Le stéréotype masculin idéalisé et romantique est censé être fascinant, dynamique et un brin mystérieux. D'un homme qui ne ressemble pas à ce modèle, la femme risque de dire qu'il lui « manque quelque chose » ; ce qui fait qu'il manquera aussi « quelque chose » aux sentiments qu'elle éprouve pour lui. En effet, même s'il possède d'autres qualités solides, dès lors qu'il ne présente pas un profil « romantique », la femme risque de ne pas s'intéresser à lui comme amant éventuel.

Trop souvent nous n'apprécions pas ce que nous possédons, nous avons tendance à idéaliser ce qui nous échappe.

Amour et passion amoureuse

Jeanne, trente-neuf ans, est coiffeuse-esthéticienne dans un grand salon de beauté. A vingt ans elle a tourné dans quelques films. Elle fait encore des pubs et quelquefois du théâtre. En amour, Jeanne n'a pas de relations, elle n'a que des obsessions. Sa passion, c'est l'amour non partagé. Elle eut une aventure l'an dernier avec un reporter à la télévision, marié à l'une de ses clientes. Elle en était complètement toquée au point que son amant préféra mettre rapidement un terme à leur relation qui se révélait trop « intense » pour lui. Nullement ébranlée, Jeanne continua à le submerger de messages, d'appels téléphoniques, de cadeaux somptueux. Elle alla jusqu'à exiger une confrontation entre son amant, sa femme et elle-même. La colère et le chagrin de l'épouse finirent tout de même par toucher notre Passionaria. Elle comprit qu'elle n'était pas la seule à souffrir de ses obsessions et qu'elle empoisonnait aussi la vie des autres. Ses « passions » lui parurent alors ridicules et elle décida d'entreprendre une psychothérapie pour se faire aider.

Jeanne finit par comprendre que se complaire dans l'amour non partagé constitue un alibi qui évite de s'engager dans une relation intime et durable. Elle fréquente un homme depuis quelques mois. Plusieurs fois déjà, elle a dû résister au désir compulsif de le quitter mais semble maintenant avoir dépassé le moment critique où elle rompait systématiquement pour se lancer dans de nouvelles aventures.

L'amour et la convoitise amoureuse se ressemblent beaucoup mais sont essentiellement différents. L'un est générosité, l'autre, avidité. Aimer quelqu'un de façon saine est épanouissant, en partie parce que le fait même de donner de l'amour nous comble. Heureux de nous montrer généreux et désintéressés, nous sommes doublement récompensés lorsque cet amour est reconnu et accepté, et bien plus encore quand il est réciproque.

La convoitise amoureuse — ou passion — est bien autre chose. C'est le désir de posséder ce que nous n'avons pas. C'est le besoin d'être aimé ou du moins d'être reconnu. C'est un état de tension dû à la non-disponibilité et à la nature insaisissable de l'objet de notre violente inclination.

L'amour et cette avidité sentimentale sont souvent confondus et associés à tort. L'amour frustré, ce désir jamais satisfait, est un levier très puissant. Nous l'avons vu, c'est un sentiment ressenti très tôt dans la vie. Les fillettes qui n'ont pas eu la chance d'avoir un père affectueux peuvent souffrir de ce manque et éprouver un constant besoin de contact et d'amour paternel. Dès qu'elles peuvent s'exprimer et reconnaître les sentiments qu'elles éprouvent, ces fillettes ont tendance à assimiler l'amour au désir d'amour. Pour elles, les deux ne font qu'un. A l'évidence, cette regrettable confusion peut entraîner des problèmes à l'âge adulte. Les femmes qui confondent les deux ont du mal à se sentir « amoureuses » si l'homme qu'elles aiment les aime aussi. Elles associent l'amour au manque, et à l'état qui l'accompagne. C'est ce qu'explique une de nos patientes :

« J'étais folle de lui tant que je n'ai pas été certaine de ses sentiments. Mais il a cessé de m'intéresser dès qu'il s'est déclaré. » Il arrive fréquemment que la femme soit déçue, au lieu d'être heureuse, quand un homme lui retourne son amour car cela diminue le désir qu'elle éprouve pour lui, et qui est chez elle associé à l'amour.

En psychothérapie, les femmes que nous venons de décrire évoquent avec précision ce qu'elles recherchent dans une relation et expliquent dans le détail ce qu'elles appellent l'amour. Malheureusement, elles ne sont pas conscientes du fait que ce qui les habite, c'est le désir de posséder plus que le fait de posséder. Tant qu'elles ne le reconnaissent pas, elles ne pourront rien y changer et continueront à jouer à qui perd gagne.

Elles adoptent généralement l'une ou l'autre des attitudes suivantes. Ou bien elles vont d'un homme à l'autre, les rejetant dès qu'elles sont sûres d'être aimées — trouvant toujours une bonne raison pour s'éloigner de l'objet de leur passion dès que celui-ci manifeste qu'il est épris. Ou bien elles pensent résoudre leur conflit intérieur en choisissant systématiquement des hommes qui ne sont pas disponibles. Puisque leur amour pour eux ne peut être payé de retour, elles se complaisent dans l'état délicieusement douloureux du désir non satisfait.

Les « gentils » ne sont ni insaisissables, ni énigmatiques, ni mystérieux. Ils sont présents. Ils sont prévisibles. Quand ils disent qu'ils téléphoneront, ils le font. Et pourtant ces hommes sont souvent délaissés parce qu'ils ne stimulent pas le sentiment vertigineux de désir ardent souvent attaché à l'état amoureux. Malheureusement, beaucoup d'hommes et de femmes semblent intoxiqués, « accrochés » comme à une drogue à cet état, et sont apparemment incapables d'éprouver un amour authentique.

Pourquoi certains hommes paraissent-ils fascinants ?

D'emblée, précisons ceci : certains hommes sont plus séduisants, dynamiques et intéressants que d'autres. Quelles sont les qualités qui les distinguent des autres hommes ? L'apparence physique n'est généralement pas un facteur déterminant. Bien sûr nous avons tous des préférences et différents critères de séduction. Mais les qualités physiques ne sont pas, pour la plupart des femmes, liées à la notion de magnétisme ou de fascination. C'est même le contraire qui semble souvent vrai. L'homme qui les séduit est dit le plus souvent original, viril, bourru, mystérieux ; l'apparence n'est donc pas en cause.

Qu'est-ce qui plaît donc tant aux dames ? L'intelligence, la réussite, l'audace, le style, le charisme, le mystère. Il ne faut pas exclure la célébrité, la renommée ou le pouvoir. Woody Allen ne serait certainement pas considéré comme un tombeur s'il n'était pas un metteur en scène célèbre. Il est vrai que certains hommes possèdent un charme indéniable. La plupart des femmes trouveraient Paul Newman séduisant et fascinant, même s'il n'était pas la star que l'on connaît.

LES HOMMES SÉDUISANTS

Mais le principal ingrédient de la séduction n'est pas le physique, c'est le mystère allié à certains autres attraits.

La combinaison du mystère et d'une autre qualité irrésistible suscite un sentiment de curiosité. Il en résulte une espèce de magnétisme auquel sont sensibles les hommes et les femmes — les femmes surtout, qui ont tendance à se montrer plus téméraires dans le domaine amoureux.

Il y a en effet à cet égard de grandes différences entre les hommes et les femmes, parce que nous sommes tous des produits de notre milieu et de notre éducation. Les femmes, nous l'avons noté, recherchent généralement des états de tension et d'excitation émotionnels dans leurs relations amoureuses parce qu'elles ont été élevées pour en faire l'objectif numéro un de leur vie. Les garçons, eux, ont été encouragés à rechercher le plaisir du défi dans les activités professionnelles ou les compétitions athlétiques, et ont moins tendance à considérer les relations amoureuses comme primordiales. La plupart des hommes ne considèrent pas les relations amoureuses comme source d'excitation ou d'émotions fortes. Ils ont même une propension à se montrer plus prudents et circonspects que les femmes devant les mystères du sexe opposé. Elles, au contraire, sont souvent disposées à plonger, tête la première, dans des situations affectives périlleuses. N'oublions pas que les hommes cherchent avant tout à éviter le danger et le rejet éventuel.

Il y a chez les hommes des qualités qui ont l'heur d'intéresser les femmes et qui sont pourtant des miroirs aux alouettes. Ces messieurs cherchent avant tout, pour dissimuler leur peur des femmes et leurs angoisses, à se protéger. Ils ont besoin de masques et choisissent celui, bien pratique, du beau ténébreux un peu blasé pour dissimuler l'incertitude et l'émotion qu'ils peuvent ressentir devant une femme qui leur plaît. Ils ont été programmés depuis l'enfance pour se comporter ainsi.

Une autre façon de se protéger consiste à prendre une attitude lointaine et à paraître imprévisible. Encore une fois, toutes ces attitudes sont directement liées à un malaise et à une angoisse masculine, interprétés par les femmes comme un comportement énigmatique. Ainsi, ce qui est en fait une imperfection et une carence est considéré par les femmes comme un attrait. Pourquoi les femmes se laissent-elles ainsi abuser ?

Le manque d'information sur le sexe mâle crée un gouffre dans lequel se précipitent les fantasmes féminins. Le beau ténébreux a tout intérêt à laisser planer le mystère, car qu'adviendrait-il de lui s'il se montrait tel qu'il est ? Bien des femmes ne s'y trompent pas. Même si elles font semblant de vouloir mieux connaître l'homme qui se cache derrière un masque, elles s'arrangent pour qu'il sache que son excessive discrétion exerce un pouvoir irrésistible.

Les hommes séduisants sont sans aucun doute intéressants. Le problème c'est que leur séduction est souvent due à des peurs profondes et non à des qualités réelles résistant au temps.

Beaucoup de femmes parlent des émotions fortes qu'elles ressentent, davantage pour réprimer que pour formuler ce qu'elles éprouvent en réalité. Le beau ténébreux est certes prometteur, mais son ramage se rapporte rarement à son plumage.

Les mauvais garçons sont attirants...
mais pas pour longtemps

Comment se fait-il que les filles soient souvent attirées par les voyous et les mauvais garçons de la classe ? Les adolescents qui plaisent le plus sont souvent comme Marlon Brando ou James Dean — des marginaux, des solitaires, des « garçons en colère ». On les considère toujours comme des êtres pas foncièrement mauvais, mais plutôt indépendants, révoltés, incompris. Au lycée, ces garçons sont les plus populaires et souvent des caïds. Ils ont une « aura » et le savent.

LES HOMMES SÉDUISANTS

On ne peut pas dire qu'ils sont aimés de tous, mais tous les craignent, même les élèves les plus sérieux et les plus populaires, au sens classique du terme. Les mères conseillent à leurs filles d'éviter ce genre de types. Ils se conduisent mal. Ce sont des individus peu recommandables. Mais pour les jeunes filles sages, qui doivent se tenir bien, ils allient le charme du mystère et de l'interdit. Elles pensent que ces garçons savent prendre des risques et connaissent ce qu'on leur cache de la vie. Leur fréquentation donne l'impression de vivre dangereusement, librement, ne serait-ce que par procuration. Le film *Bonnie and Clyde* illustre bien ce besoin de rébellion de la femme qui s'attache à un mauvais garçon pour oser faire tout ce qui lui est défendu. Le grand frisson est garanti avec ce genre d'énergumène. La version adulte est du même acabit, mais le plaisir, hélas, est de courte durée.

Le pouvoir de séduction du mauvais garçon est superficiel. C'est un être qui sait prendre des risques mais a du mal à exprimer des sentiments tendres et à avouer ses peurs. Il est en revanche passé maître dans l'art de dissimuler ces mêmes peurs derrière un masque protecteur, ce qui représente un comportement adolescent typique.

La plupart des mauvais garçons changent en grandissant, mais certains persistent dans leur attitude et deviennent ce que les femmes appellent aujourd'hui de vrais « salauds ».

Qui est-il, ce salaud ?

Il faut le reconnaître, le vrai salaud est trop souvent un personnage plein de charme. L'histoire est féconde en personnages romanesques de coquins, de pendards, de bandits bien-aimés, et aujourd'hui encore les hommes comme les femmes confèrent à ce genre d'individus des talents et des pouvoirs particuliers.

Là encore, à cause de notre éducation sexiste, il y a deux poids deux mesures pour juger les comportements humains.

LE MAUVAIS CHOIX

Les femmes qui ont « mauvaise réputation » ne sont pas considérées comme désirables, alors qu'un homme dont on dit la même chose est souvent un objet de curiosité et de fascination.

Beaucoup de femmes sont attirées par ce genre d'homme, malgré les dangers qu'ils leur font courir, parce que la conquête du « salaud » est pour elles un véritable fait d'arme.

Le plus grand talent de ce sale type est qu'il possède une connaissance approfondie des arcanes de l'âme féminine pour avoir bien étudié le sujet — du moins les aspects qui le concernent. Loin d'être un balourd, il est plus intuitif et plus sensible que la plupart des autres hommes. Malheureusement, son plaisir et ses besoins fondamentaux passent avant tout et il n'a aucun sens moral quand il s'agit des femmes.

Petit garçon, il a peut-être eu une mère séduisante mais peu affectueuse. Il avait à la fois besoin et peur d'elle car il était toujours privé d'amour. Il lui fallait perpétuellement l'étudier pour savoir comment et quand obtenir le réconfort et l'affection qu'il désirait, aussi a-t-il développé une grande perception et compréhension des femmes. Il est regrettable que ces individus en sachent davantage sur elles que la majorité des « gentils ».

Cet oiseau sait comment s'y prendre pour séduire une femme et lui donner l'impression qu'elle est belle et unique. Quand il se trouve au restaurant ou dans une soirée en sa compagnie, il ne la quitte pas du regard et lui donne la sensation d'être une créature fascinante. Il a l'art de stimuler et de flatter. Elle aura le sentiment d'être pleine d'esprit et de posséder un grand sens de l'humour ; d'être délicieuse, originale et fantaisiste. Comme tous les bons vendeurs il sait merveilleusement bien écouter. N'oubliez pas : il doit réussir. L'enjeu est important pour lui, il doit gagner à tout prix, peu importent les moyens.

Bob, trente-quatre ans, est photographe. C'est le Casanova typique :

« Je sais exactement ce qu'elles ont envie d'entendre. Je sais que toutes les femmes veulent se sentir uniques, qu'elles meurent d'envie qu'on les trouve sexy et très belles. Quand je suis avec une femme, je réussis à lui donner l'impression qu'elle est la femme la plus désirable que j'aie jamais rencontrée. Je ne me sens pas malhonnête parce que je crois vraiment ce que je dis. Je suis amoureux sur le moment. Je suis sincère et j'ai envie d'être tendre et affectueux. »

La vérité est que Bob n'est pas séduit par la femme, mais par la magie du moment. La femme et ses réactions ne sont qu'un miroir de lui-même. Plus elle est sensible à son charme, plus il croit à son pouvoir de séduction. Quand il s'est bien servi d'elle et qu'il en a assez d'exercer son pouvoir sur sa personne, il poursuit son chemin. Il peut même dire « je t'aime » en faisant l'amour, il est sincère sur le moment. Peu lui importent les conséquences de ses agissements. Sa partenaire est lentement mais sûrement conquise par son rituel de séduction et pense qu'elle a gagné le gros lot.

La femme qui tombe dans le panneau est celle qui laisse son besoin d'amour étouffer son discernement. Et il le sait ! Il joue sur son désir secret de trouver l'homme idéal. Il devient cet homme, il promet, fait son cinéma, laisse entendre qu'il peut l'aimer. C'est ça la combinaison qui marche : l'homme idéal qui promet un amour passionné, romantique !... Mais le besoin d'amour est un défaut fatal, il empêche de voir la réalité : ce diable d'homme promet mais ne tient jamais !

Il est paradoxal que la femme la plus sélective et la plus circonspecte soit souvent celle qui se laisse prendre aux simagrées de cet imposteur. C'est précisément parce qu'elle est prudente à l'excès, que ses besoins d'affection et d'intimité sont refoulés. Ce genre d'homme l'ensorcelle littéralement et elle est très vulnérable à son pouvoir de séduction. Il la sait prudente et en tient compte. Par exemple, il n'essayera pas égoïstement et stupidement de la mettre dans son lit le premier soir. Il est patient et sait attendre. Il est en apparence charmant, délicat, sensible — tout ce qu'il faut pour exercer son emprise. Il ne veut pas faire de mal. Mais il en fait parce qu'il ne tient jamais ses promesses. Il disparaît un jour, et c'est là que le chagrin commence. Mais pendant tout le temps que dure la relation, il est tout simplement adorable et merveilleux.

Même sa tendance à s'esquiver peut être un attrait de plus. Il sait que les femmes se défient des hommes qui ont un besoin excessif d'amour, et qu'elles ne veulent pas de « petit garçon à sa maman ». Il est donc assez adroit pour apparaître et disparaître à un rythme qui fera croire qu'il est fort et autonome et, ce faisant, susciter un maximum d'intérêt et de désir.

Bob est très conscient de cela :

« Après une merveilleuse soirée, j'envoie des fleurs ou je laisse un message, mais je ne me manifeste pas pendant au moins une semaine. » Pourquoi ? « Parce que je donne ainsi l'impression d'être très occupé ou qu'il y a peut-être une autre femme dans ma vie. Je suis assez sûr de moi pour attendre la prochaine rencontre. Je ne suis pas en manque. »

Le magnétisme du salaud

Comment les femmes se laissent-elles séduire par un tel individu ? Certaines s'épanouissent quand elles sont en état de manque : elles aiment désirer, et adorent le mystère et l'aventure. Ces forces compulsives qui les animent les poussent à se fourvoyer dans des relations malsaines et peu satisfaisantes avec des hommes avares d'amour mais pas inintéressants pour autant. Nous allons étudier trois différents types de catastrophes ambulantes que certaines femmes trouvent irrésistibles : le don Juan, l'Insaisissable, et le non moins redoutable « Homme Marié ».

LES HOMMES SÉDUISANTS

Le don Juan

Monique, trente ans, s'occupe d'une galerie d'art. Elle n'est pas encore remise de sa dernière histoire d'amour, qui dura trois semaines, avec un artiste aussi célèbre pour son tableau de chasse que pour ses sculptures — de femmes nues, évidemment.

« Je connaissais sa réputation et j'aurais dû me rendre compte que je n'étais qu'une passade pour lui. »

Pourtant Monique, qui est très intelligente, a tout de même succombé au charme de cet homme et fut désespérée quand il cessa de se manifester. « Je voulais être celle qui réussirait à le retenir, celle qui serait différente des autres. J'étais merveilleusement heureuse avec lui. Il me manque terriblement. »

Julie, trente-cinq ans, dessinatrice de tissus, possède une très belle maison dans une ville située au bord de la mer. Elle a depuis deux ans une relation épisodique avec Gérard, quarante-deux ans. C'est un homme d'affaires très séduisant ; il a fait un important héritage qu'il s'est empressé de dépenser. Il a été marié quatre fois, et chaque fois pour des périodes de plus en plus brèves. Depuis que Julie le connaît, il a eu le temps d'épouser et de divorcer d'une jeune femme de vingt-deux ans — mannequin de son état. Les épouses ne lui suffisant pas, Gérard a aussi de nombreuses maîtresses, et il fréquente généralement trois ou quatre femmes en même temps.

Julie le trouve stimulant, complexe, et délicieusement vulnérable : il a si peur de s'engager. Gérard ressemble beaucoup au père de Julie. Elle est en psychothérapie depuis assez longtemps pour avoir fait le lien entre les deux situations, mais elle ne peut pourtant pas renoncer à voir Gérard. Son côté insaisissable et l'aspect tortueux de sa vie amoureuse sont deux choses qui l'attachent à lui, et les hommes fidèles et disponibles l'ennuient à mourir.

Le don Juan a besoin de la compagnie et de l'approbation des femmes. Le fait qu'elles l'apprécient renforce son estime de soi. Contrairement aux « hommes à femmes » ordinaires, c'est un intoxiqué à qui il faut sa drogue le plus souvent possible. Comme pour tous les drogués, le plaisir de la prise dure de moins en moins longtemps, il est vite déçu et lassé et doit repartir à la recherche d'une nouvelle conquête.

Quelle est donc l'origine de son magnétisme et de son pouvoir de fascination sur les femmes ? Tout d'abord, le don Juan est considéré comme une « aubaine ». Il a une image de marque éblouissante et il est la personnification du pouvoir, du charme et de la tendresse — vraiment une aubaine inespérée ! Toutes les femmes fantasment sur l'homme idéal, et avec son sac à malice et ses tours de passe-passe, le don Juan construit une image aussi convaincante, irrésistible et illusoire qu'un mirage frémissant dans le désert. Il représente tout ce qu'une femme désire et tout ce dont elle a besoin.

Une autre de ses qualités de séducteur, c'est qu'il donne aux femmes l'impression d'être aimées. Il entretient une atmosphère particulière qui fait que la relation devient magique et que les femmes se sentent enfin reconnues et chéries pour ce qu'elles ont toujours voulu croire d'elles-mêmes, en espérant qu'un jour elles rencontreraient l'homme qui saurait les apprécier. Elles ont besoin de croire ce qu'il dit, fait, et promet. Elles ont besoin de croire que c'est « pour de vrai ».

D'une manière plus générale, la séduction du don Juan trouve sa source dans le désir erroné des femmes de trouver l'homme idéal et de croire qu'il existe. Elles le croient si fort qu'elles projettent sur le don Juan des qualités qu'il n'a certainement pas et sont aveuglées au point d'ignorer l'évidence, à savoir que non seulement cet homme n'est pas parfait, mais qu'il est dangereux. Ne voulant pas renoncer à trouver la perfection de crainte de tomber dans la désillusion qui en découlerait, certaines femmes s'accrochent à cette vaine poursuite tout en sachant intérieurement qu'elles ne font que s'aveugler.

L'Insaisissable

L'Insaisissable est moins exotique mais peut-être encore plus dangereux que le don Juan.

Beth, trente et un ans, infirmière en chef dans un grand hôpital, a depuis environ un an une liaison sporadique avec l'un des médecins de cet hôpital dont l'attitude et le dévouement envers les malades eurent tôt fait de gagner le respect de Beth. Elle commença à sortir avec lui et eut très vite le sentiment que c'était le genre de relation qu'elle avait toujours souhaitée. Elle organisa son emploi du temps en fonction de son amant et passa des nuits à attendre qu'il vienne lui faire l'amour. Elle découvrit un jour par hasard qu'il voyait d'autres femmes. Elle lui en fit le reproche et il lui répondit : « Je suis comme ça. Si tu ne supportes pas, eh bien, cessons de nous voir. » Elle décida de supporter et de s'en accommoder.

Beth ne le reconnaîtrait sûrement pas, mais elle est secrètement persuadée que son amant tient à elle et que si elle se montre assez patiente et accommodante il la choisira entre toutes. Quant à lui, il fait certainement tout ce qu'il faut pour l'encourager dans ce sens, en maintenant un juste équilibre entre deux attitudes opposées : tantôt très amoureux, tantôt incapable de se fixer.

Ce prototype-là n'est pas aussi habile que le don Juan, mais il est à maints égards plus insidieux et plus persévérant. Le don Juan est comme un feu d'artifice, éblouissant, rapide, fulgurant et prometteur, mais il est tout aussi éphémère. Contrairement à lui, l'amant insaisissable a le pouvoir de maintenir ses amantes en haleine pendant beaucoup plus longtemps. Mais le résultat final est le même, évidemment.

Gaëlle, vingt-neuf ans, dirige un grand magasin d'articles de sport. Elle a rencontré Rémi, chercheur en biologie, deux ans plus tôt au cours d'une compétition de triathlon à laquelle ils participaient tous deux. Il lui plut immédiatement. Il l'impressionnait beaucoup car il lui paraissait fort, non conformiste et complexe. Rémi lui révéla qu'il avait été « profondément blessé » par une femme ; confidence qui justifie pour elle le fait qu'il soit réticent à s'engager dans une nouvelle relation.

Il n'est jamais à l'heure aux rendez-vous et reste introuvable pendant des jours — il ne téléphone pas et ne répond pas quand on appelle chez lui. Gaëlle excuse son inexactitude et sa légèreté qu'elle attribue à son « tempérament artiste ». Elle adore faire l'amour avec lui et croit que l'ardeur de Rémi au lit préfigure un engagement ultérieur plus profond, et qu'il lui donnera un jour autre chose que son corps.

Bien qu'il ne soit pas fidèle lui-même, Rémi tonitrue et tempête à l'idée seule que Gaëlle puisse sortir avec un autre homme. Irritable et coléreux, il revendique sa liberté mais ne fait que de vagues promesses concernant l'avenir.

Gaëlle est sûre qu'elle est la seule à pouvoir le rendre heureux. Grâce à l'amour et à la compréhension qu'elle seule peut lui donner, elle gagnera la partie, peu importe le temps que cela prendra et l'énergie qu'il lui faudra déployer.

Malgré ses défauts évidents et son égoïsme, Rémi possède une espèce de charme qui donne l'illusion qu'il peut un jour changer — si on lui donne assez de temps, de compréhension et d'amour. Bien qu'il ne le dise jamais ouvertement, il laisse entendre qu'il a simplement besoin de quelqu'un qui lui convienne. Et Gaëlle, bien sûr, persuadée d'être cette personne, s'accroche désespérément et s'obstine à le lui prouver.

Bien qu'elles refusent de l'admettre, le goût des femmes pour le drame et les émotions fortes les fait souvent rechercher des hommes qui ne sont pas disponibles. L'amant insaisissable est un partenaire idéal pour ce genre de femmes. Une chose est sûre à son sujet, et une seule : elles ne pourront jamais compter sur lui et il ne sera jamais disponible.

Janette, secrétaire de direction, a depuis trois ans une liaison délicieusement torturante avec Bernard, cadre dans l'industrie cinématographique. Janette est pour Bernard ce

LES HOMMES SÉDUISANTS

qu'on pourrait appeler le repos du guerrier car il passe la voir après le travail (dîners, soirées passées à boire dans le dernier bar « in » du monde du cinéma pour essayer de décrocher des clients). Ils ne sortent jamais ensemble ! Il prétend qu'il est obligé de sortir pour son travail et qu'il préfère de loin rester tranquille avec elle à la maison. Leur relation est tumultueuse. Elle se plaint de ce qu'il lui donne si peu : « Si je suis vraiment honnête envers moi-même, je dois reconnaître qu'il a seulement envie de venir tirer un coup sans problème avec moi et de rentrer chez lui après. » Elle a dit, six fois déjà, à son amant de ne plus venir et de ne plus lui téléphoner. Elle a même changé de numéro de téléphone à chaque fois. Et pourtant, c'est elle qui chaque fois aussi a repris contact avec lui pour recommencer la même histoire. Janette se rend compte qu'elle continuera à se sentir humiliée et rejetée en persistant dans cette voie. Alors, pourquoi le fait-elle ?

Elle croit qu'elle réussira à se faire aimer de lui et qu'il est capable de s'engager sérieusement. Elle s'est tellement consacrée à cette poursuite qu'elle ne peut se permettre d'affronter la vérité, même de loin. La vérité, c'est que Bernard est peut-être très compétent dans l'industrie cinématographique, qu'il est certainement très séduisant, mais qu'il est totalement incapable et n'a aucune envie d'avoir une véritable relation amoureuse avec elle.

L'Épouvantable-Homme-Marié

L'Épouvantable-Homme-Marié est une autre variété de la même espèce. A l'instar des deux types d'hommes décrits précédemment, il possède l'élément indispensable qui attise l'intérêt : il est hors de portée puisqu'il est déjà pris.

Paula, trente-quatre ans, analyste en informatique, est la maîtresse de René, son patron, depuis plus d'un an.

« J'ai tellement de peine pour lui, nous confie-t-elle. Il n'est pas heureux en ménage, mais ne divorce pas à cause des enfants. Il se sentirait coupable. Sa femme ne comprend pas les tensions auxquelles il est soumis. Et il m'a dit qu'ils ne faisaient plus l'amour ensemble depuis des années. Je sais que je pourrais le rendre heureux et je ne comprends pas pourquoi il ne la quitte pas. Bien sûr, je ne le pousse pas à divorcer..., pas pour l'instant, du moins. »

Paula n'est pas prête à renoncer à René. Convaincue qu'elle est « la femme qu'il lui faut », elle fera n'importe quoi pour le lui prouver.

Cette notion de « la femme qu'il lui faut » est assez fréquente et certainement encouragée par l'« Épouvantable-Homme-Marié ». Il est toujours incompris par la femme avec qui il vit et ne s'épanouit que dans la sympathie, l'attention, et la compréhension que lui donne « l'autre ». Il est convaincant quand il promet de se rendre libre un jour. Il peut même être sincère en l'affirmant, tant une partie de lui voudrait se libérer des responsabilités du mariage. Il aimerait beaucoup être à nouveau célibataire et voguer vers de nouvelles aventures. Pourtant, la caractéristique de cet homme est qu'il promet beaucoup mais qu'il quitte rarement le foyer conjugal.

Une fois de plus, ce qui fait durer ce genre de relation, c'est que « l'autre » a des difficultés à comprendre qu'elle est mue par un désir d'homme idéal et qu'elle refuse de renoncer à ce mythe. Elle ignore les défauts et les carences évidentes de son amant et lui trouve toutes les excuses. Pis, elle tient sa femme pour responsable. Son besoin de ne pas être déçue, de ne pas découvrir que cet homme n'a aucune intention de changer sa vie pour elle, la prépare à une réelle déconvenue. Son aveuglement insensé prolonge une croisade vaine et vouée à l'échec.

A la poursuite de l'impossible

Certaines femmes cherchent pourtant à se faire aimer de l'un de ces perpétuels fugitifs. Ce ne sont peut-être pas des névrosées mais simplement des joueuses qui aiment le risque. Nous avons tous en nous le désir de tenter le destin. Il suffit de voir la popularité des feuilletons télévisés, le déferlement des romans à l'eau de rose et les articles accrocheurs de certains magazines pour voir qu'il existe un énorme marché pour tout ce qui est frisson et danger de l'amour illicite.

Beaucoup de femmes choisissent de courir ce danger. Andréa est l'une d'elles. Elle croit sincèrement que le jeu en vaut la chandelle.

« J'aime partir à la conquête d'hommes qui vont me faire vivre intensément et dramatiquement. Pourquoi pas ? Je connais les règles du jeu aussi bien qu'eux, peut-être mieux ! »

Andréa sait flirter, charmer et séduire. Elle préfère jouer les femmes fatales que les victimes. Elle sait lâcher assez de lest pour amorcer convenablement.

« Il faut les tenir en haleine pour qu'ils ne soient jamais rassasiés. Je ne termine jamais la soirée avec un homme que je viens de rencontrer, et je ne lui laisse pas mon numéro de téléphone, je prends le sien. J'aime que la balle soit dans mon camp. »

Si une femme veut vraiment conquérir un de ces séducteurs impénitents, il lui faut connaître sa proie mieux qu'il ne connaît la sienne. Elle doit comprendre le fonctionnement du don Juan et son besoin de gagner. Elle ne doit jamais succomber totalement à ses manœuvres. Une partie d'elle-même doit toujours rester sur ses gardes. Si elle en est capable, il reviendra toujours pour en obtenir davantage. Elle doit le laisser sur sa faim. Mais n'oubliez pas que cette façon de vivre n'est en rien idéale car la femme ne peut jamais s'abandonner à son amour et laisser voir qu'elle est éprise.

La poursuite constitue un attrait important pour le vil séducteur. Don Juan est pris dans une quête sans fin. Les conquêtes ne le satisfont jamais vraiment ; elles ne font que stimuler son désir d'une nouvelle partenaire. Il est certainement le plus difficile à coincer parce que les femmes qu'il choisit ne résistent pas à sa nature passionnée et à son ardeur.

A peine ont-elles murmuré « Oui...oui... » qu'il a déjà filé sur la trace d'une autre victime aussi impatiente et aussi consentante.

Le seul moyen de retenir cet amant insaisissable est de le faire courir. La femme qui veut s'attacher un tel homme doit parvenir à le rendre fou d'elle — autant qu'elle l'est de lui, sinon plus. Elle doit mettre de côté les sentiments et le désir qu'elle éprouve à son égard et apprendre à dissimuler ses besoins, ses aspirations et ses rêves. Elle doit en outre se montrer distante, lointaine et inaccessible. Tout séducteur qui se respecte dressera un plan de bataille destiné à briser ses défenses et à conquérir son cœur.

Le problème de cette stratégie n'est pas qu'elle risque de ne pas fonctionner, au contraire, mais qu'elle est épuisante à long terme ! Rien n'est plus fatigant que de vivre perpétuellement dans le mensonge, seul fondement possible d'une relation durable avec ce genre d'homme. N'oubliez pas que pour retenir un énergumène de cet acabit, la femme ne doit jamais montrer à quel point le fait qu'il ne s'engage pas la fait souffrir, ni à quel point elle tient à lui.

L'autre difficulté, c'est que la femme qui entreprend de séduire cet homme doit absolument refréner ses manifestations d'amour et prendre une attitude évasive. Elle doit renoncer à un échange d'égal à égal. Elle doit toujours rester attentive à ne pas laisser voir ce qu'elle ressent. Elle ne doit pas non plus exprimer la colère ou l'indignation quand il la fait souffrir, la trahit ou la déçoit, car les larmes révéleraient à coup sûr son amour pour lui.

L'Épouvantable-Homme-Marié est un peu différent des autres, en cela qu'il s'engage verbalement — du moins jusqu'au moment où la demande est pressante et l'ultimatum menaçant. Pour conquérir cet homme-là, il ne faut rien lui demander qui nécessite une décision de sa part. Tant qu'on ne dit pas : « C'est ta femme ou moi ! » leur liaison se poursuivra.

Une chose est claire : il a de bonnes raisons pour ne pas

quitter sa femme. Pour susciter son intérêt, sa maîtresse ne doit pas le mettre dans un état de déchirement ou de culpabilité. Elle doit avoir l'air satisfaite. Elle doit comprendre qu'elle vient en second, après sa famille : Noël, Nouvel An, les vacances, il les passera avec les siens. Même l'anniversaire n'est pas garanti — sa femme a peut-être fait des projets pour ce soir-là.

L'homme marié se sent très malheureux chez lui et il le dit toujours à sa maîtresse. C'est très important pour elle de le savoir. Elle doit en effet faire le contraire de l'épouse : accorder ce que l'autre exige, être conciliante quand l'autre refuse d'atermoyer, aimer et comprendre quand l'autre regimbe et se révolte. Ce contraste soulignera le chagrin et le ressentiment qu'il éprouve envers son épouse et la maîtresse marquera des points.

Ces hommes méritent-ils qu'une femme leur consacre autant d'amour et de temps ? Ils sont intéressants et suscitent des émotions intenses qui font vibrer les femmes. Ils possèdent des qualités véritablement fascinantes, il est seulement regrettable qu'elles ne fassent pas long feu. Ou peut-être est-ce mieux ainsi : l'éphémère fait précisément partie de leur charme et de leur pouvoir.

Il faut savoir que sous des apparences séduisantes, mystérieuses, alléchantes, ces hommes-là ne sont finalement que des imposteurs.

6.

LES HOMMES
QUI EXASPÈRENT LES FEMMES

(Il y a plusieurs types d'hommes qui, à coup sûr, finissent par mettre les femmes hors d'elles. Certains sont charmants au début mais changent plus tard. D'autres attirent par des qualités apparentes et illusoires. Tous, tôt ou tard, exaspèrent leurs compagnes.)

L'Huître

Certains donnent l'impression d'être des hommes forts alors qu'ils sont simplement d'un naturel égoïste, renfermé et méfiant. Ce sont des êtres dangereux car ils sont de prime abord attirants et intrigants. Une femme peut être séduite par ce qu'elle croit être de la solidité — qui n'est en réalité que de la dureté et de l'insensibilité — et peut aussi se sentir rassurée par cette force « potentielle » qu'elle sent en eux. Nous disons potentielle car la femme ne peut pas la ressentir véritablement puisque l'homme en question ne livre rien de lui et ne communique pas davantage avec elle. Il laisse la femme faire le travail affectif pour deux. Il monte les tréteaux et c'est elle qui danse sur la scène en essayant de lire dans ses pensées. Elle sait qu'elle a besoin d'être près de cette force pour se sentir en sécurité. Mais lui ne permet pas qu'elle s'approche de trop près. C'est ce qu'elle aime, c'est ce qu'elle déteste. Elle

LES HOMMES QUI EXASPÈRENT...

sait qu'elle recherche cela même qu'elle est déterminée à changer.

Arlène, vingt-huit ans, est une employée de banque sympathique et avenante. Dès qu'elle rencontra Louis, elle sut qu'il était l'homme qu'il lui fallait. Elle vit bien qu'il était « un peu trop renfermé » pour son goût, mais se dit qu'il changerait quand il comprendrait qu'il pouvait être en confiance avec elle. Elle croyait comprendre les raisons secrètes du comportement de Louis qu'elle attribuait à une ancienne blessure d'amour ; elle pensait aussi que c'était une manifestation de maîtrise de soi. Il ne tenait pas compte de ses besoins, mais elle réussit à se persuader que c'était sa faute à elle, qui ne les lui avait pas communiqués assez clairement.

Ils se marièrent huit mois après s'être rencontrés. Arlène était sûre que cet engagement mutuel lui donnerait au moins l'impression d'être aimée de Louis. Elle était absolument convaincue que si elle-même l'aimait suffisamment, son amour déborderait sur lui et qu'il finirait par s'épanouir. Que l'amour était la clé qui ouvrirait son cœur et qu'elle pourrait alors recueillir les trésors d'affection qui s'y cachaient. C'était un beau rêve qui ne se réalisa jamais. La carapace dure et fermée de Louis ne cachait qu'un cœur dur et fermé. Louis prétendait aimer Arlène mais elle ne sentit jamais son amour et il ne lui manifesta jamais l'affection qu'elle désirait et dont elle avait besoin. Elle divorça au bout d'une année douloureuse.

Arlène s'était trompée en choisissant Louis. Elle avait interprété sa nature méfiante et fermée comme une preuve de personnalité. Ce qu'elle découvrit, c'est qu'au lieu de défendre l'accès d'un trésor, il essayait en fait désespérément de dissimuler son sentiment d'insécurité. Quand elle le comprit, la force qu'elle lui attribuait s'effrita sous ses yeux avec l'édifice de ses défenses qui tomba en miettes. Sa merveilleuse pudeur de sentiments n'était en réalité que de la peur.

L'Huître redoute son besoin de dépendance et réussit à se

LE MAUVAIS CHOIX

persuader qu'il en est dépourvu. Il est très attirant pour de nombreuses femmes qui prennent ce trait de caractère pour de la force et de la maîtrise de soi. Mais les problèmes ne tardent pas à surgir dès que la femme commence à se montrer exigeante. Le fait que notre compagne ou compagnon nous donne l'impression d'avoir « besoin » affectivement de nous fait partie du commerce amoureux, du moins en partie. L'Huître, lui, ne peut se permettre d'avoir besoin de quelqu'un pour former une relation intime et satisfaisante. Il risquerait d'être confronté à sa peur d'être faible et vulnérable. D'anciennes blessures mal cicatrisées ont peut-être détruit sa capacité de vivre une relation profonde.

Quand nous aimons, nous avons tous besoin que notre partenaire dépende de nous — pas qu'il nous vampirise, mais qu'il ait besoin de notre amour. Ce type d'homme ne s'autorisera jamais à être assez dépendant pour se laisser aller à former des liens intimes. Il fonctionne en circuit fermé, et n'a nul besoin de l'amour d'une femme dont la chaleur ne suffira pas à faire fondre son bouclier protecteur. Celui-ci est trop résistant, trop ancien.

Autre élément nécessaire dans une relation amoureuse : la confiance réciproque. L'Huître est immédiatement reconnaissable par son aspect renfermé : il protège quelque chose qu'il craint de perdre ou qu'on lui arrache. Il a peur d'être trahi. Les femmes doivent garder à l'esprit, quand elles rencontrent un homme très renfermé, que son attitude est due à un événement passé et que cela n'a rien à voir avec elles.

La confiance mutuelle se développe dans un processus d'échange. Elle implique que l'on découvre à l'autre les aspects les plus profonds et les plus complexes de notre personnalité. L'Huître ne peut pas prendre le risque d'exposer ses sentiments au jour, de regarder les vieilles blessures enfouies dans le casier des souvenirs douloureux oubliés. La plupart du temps, il ne sait pas lui-même ce qu'il protège, ni même qu'il se conduit de façon méfiante et autoprotectrice. L'Huître ne sait pas faire confiance. Il ne s'ouvre jamais.

Il ne sait pas aimer car l'amour implique l'exposition de ses besoins affectifs et de sa vulnérabilité. S'il n'a pas appris à aimer avant l'âge adulte, ce n'est pas une femme qui pourra le lui apprendre, même avec la meilleure volonté du monde. C'est une folie de croire le contraire.

La poursuite de cet homme est vaine mais il est difficile de discerner ses vraies forces et ses faiblesses, ce qui fait que les femmes se trompent souvent à son sujet. Si vous tombez sur un homme comme lui, vous croirez peut-être posséder la potion magique qui le transformera et permettra à sa capacité d'aimer de se manifester, mais c'est une erreur. En fait, plus une femme aime ce genre d'homme et lui donne des preuves d'affection, plus elle a des chances de le faire fuir. L'intimité est son ennemie — il en a une frousse bleue. Si ce n'est pas lui qui vous quitte, c'est vous qui le quitterez un jour — si vous êtes intelligente — tant vous en aurez assez d'être celle qui donne tout le temps sans jamais recevoir.

L'Homme Pseudo-Libéré

Quand on fait sa connaissance, l'Homme Pseudo-Libéré peut se montrer désarmant et attirant pour les femmes. Il est l'incarnation même de l'homme libéré, le complément parfait et naturel de la femme d'aujourd'hui. Il accepte son évolution et même l'encourage. Il paraît doux, sensible, vulnérable, communicatif, ouvert. Un rêve devenu réalité ! Malheureusement ce rêve tourne souvent au cauchemar.

Ce type d'homme a interprété le mouvement de libération des femmes comme une invitation à exprimer ses sentiments. Il utilise à tort cette nouvelle liberté et en profite pour rationaliser ses peurs et son insécurité, et passer son temps à gémir et se plaindre, souvent d'une manière névrotique. L'Homme Pseudo-Libéré est certainement différent du type renfermé décrit plus haut. Il représente pour beaucoup de femmes un changement bienvenu — enfin quelqu'un qui exprime ses sentiments ! C'est formidable, oui, mais certains dépassent les limites. Même lorsque les femmes commencent à en avoir assez de les voir se répandre, elle ne font généralement pas confiance à leur intuition et... ne prennent pas la fuite.

En un certain sens, on les a encouragées à penser qu'elles devraient apprécier ce genre d'homme. Après tout, si elles veulent être capables d'explorer en elles-mêmes l'aspect masculin et peu familier de leur personnalité et si elles attendent des hommes qu'ils les acceptent et les aiment ainsi, elles devraient à leur tour se montrer tolérantes quand les hommes s'expriment davantage et montrent leur vulnérabilité.

Quand Marlène et Marc sont venus nous voir pour entreprendre une psychothérapie de couple, Marc nous dit qu'ils n'avaient pas de problèmes particuliers mais qu'ils désiraient que leur relation soit aussi dynamique et positive que possible, et qu'ils considéraient le processus psychothérapeutique comme un excellent moyen de développer leur personnalité mutuelle.

Marc, trente-deux ans, est charpentier indépendant et romancier non publié. Marlène, trente-quatre ans, est gérante d'une entreprise d'import-export, et c'est elle qui fait bouillir la marmite. Ils militent tous deux dans des mouvements politiques de gauche et participent activement à la lutte antinucléaire ; Marc plus que Marlène, car il ne travaille pas aussi régulièrement qu'elle, et a donc plus de temps libre.

Marlène et Marc sont tous deux brillants, sympathiques, et physiquement séduisants. Ce qui ressortit d'emblée, dès la première séance, tandis que Marc se lançait dans un long monologue en jetant de temps à autre un coup d'œil à Marlène pour quêter son approbation, c'est qu'il n'était rien d'autre qu'un Homme Pseudo-Libéré narcissique. Il ne cherchait pas le moins du monde comme il le prétendait à améliorer sa relation avec Marlène, il voulait seulement un nouvel auditoire sur lequel déverser une inépuisable logorrhée sur une prétendue connaissance de soi.

Marlène révéla que Marc préférait à n'importe quel autre

sujet de conversation parler de leur relation et de lui-même. Plus tard elle confessa qu'elle en avait plus qu'assez de ses monologues, de sa perpétuelle demande d'attention, et de l'analyse incessante de leur relation pour « savoir où on en est ».

Cet homme dissimule le fait qu'il est un vampire affectif. Il est tellement content d'avoir la possibilité de formuler ses besoins et son insécurité qu'il ne se rend pas compte qu'il prend sans donner. Il croit sincèrement que sa diarrhée émotionnelle est un cadeau. Il cache ses peurs et sa passivité sous un déguisement trompeur de gentillesse et de sensibilité — et espère que sa femme ne le démasquera pas.

Au premier stade de leur relation, l'homme fait un numéro éblouissant. Il est maître dans l'art de s'exprimer — il peut même se montrer poétique. Son débit verbal est tel qu'une femme pense qu'il communique avec elle. Au lieu de cela, il la vampirise. Il masque son besoin d'être rassuré sous une enveloppe attrayante qui peut donner à une femme l'impression d'être privilégiée car il a besoin d'elle. Elle comprend à la longue que la seule chose qui semble l'intéresser c'est de parler de leur relation — ou de lui-même. Elle veut l'aimer. Elle se dit qu'elle devrait l'aimer. Après tout il est ouvert, non ? Il exprime ce qu'il ressent, non ? Comment se fait-il, alors qu'elle ait envie de hurler ? Peut-être parce qu'elle finit par comprendre qu'il préfère parler de leur relation plutôt que de la vivre.

Ces hommes sont sensibles et leur fréquentation peut être un changement rafraîchissant. Le problème, c'est qu'avec le temps, il devient de plus en plus évident que leur sensibilité n'est dirigée que dans un seul sens : vers eux-mêmes.

A notre avis, les femmes désirent vraiment savoir ce que ressentent les hommes, mais elles n'ont pas pour autant envie d'entendre parler de cela tout le temps. La relation avec l'un de ces énergumènes exagérément « affectifs » peut à la longue les rendre folles. Il leur arrive de penser qu'elles se caraçonnent d'insensibilité, ce qu'elles reprochaient aux hommes de faire par le passé. Elles ont envie de hurler : « Vas-tu te taire, pour l'amour du ciel, et me faire l'amour au lieu de discuter sans fin sur nous et notre couple ! » « Où en est-on ? » signifie trop souvent chez cet homme : « Où en suis-je ? » envers leur compagne, eux-mêmes et la relation. Ils préfèrent « en parler » plutôt que laisser les choses arriver.

Si l'Huître est trop renfermé, l'Homme Pseudo-Libéré est trop ouvert. Il arbore son insécurité fondamentale comme un trophée.

Essayer de le libérer de ses problèmes affectifs peut donner à une femme l'impression d'avoir un certain pouvoir ; mais c'est un piège. Il vaut mieux le laisser se débrouiller seul. Vous lui rendrez peut-être même service car il sera alors obligé de se prendre en main et de travailler sur son insécurité en profondeur au lieu d'en imputer la responsabilité à une femme trop indulgente.

Ces hommes qui mettent les femmes hors d'elles sont fondamentalement irrécupérables. La femme intelligente ne s'y trompera pas et passera son chemin en dépit de la curiosité et de l'intérêt qu'ils peuvent susciter au premier abord. L'Huître et l'Homme Pseudo-Libéré sont de ceux-là. Il existe deux autres types d'homme terriblement frustrants pour les femmes, mais qui eux sont récupérables si la femme supporte la frustration et parvient à se frayer un chemin parmi les obstacles qu'ils sèment sur son chemin : l'Éternel Adolescent et le Blessé Ambulant qui porte son cœur en écharpe.

L'Éternel Adolescent

L'Éternel Adolescent a cessé d'évoluer vers vingt-cinq ans, ce qui correspond chez l'homme à la fin de l'adolescence. Le credo inconscient et non formulé de cette personne est : « J'aurai toujours vingt-cinq ans. » La croissance interrompue n'est pas toujours facile à détecter. Elle se reflète dans la structure émotionnelle et dans la moindre capacité à s'investir totalement dans une relation plutôt que dans le comportement extérieur.

Cet homme possède en effet des qualités manifestes, au demeurant fort sympathiques. Il est souvent juvénile et impétueux. Il est souvent sociable et s'exprime avec naturel ; ses manières décontractées ne sont pas dépourvues de charme et il met les autres à l'aise.

Gregory, un beau garçon athlétique, vend des yachts, et vit dans un très bel appartement qui donne sur une marina. De son pont-promenade personnel, il peut voir son voilier tanguer doucement à l'amarrage ainsi que la piscine et les courts de tennis de l'immeuble où évoluent des célibataires des deux sexes. A trente-six ans, Gregory se considère encore comme un jeune homme qui a besoin de toute son énergie et de tout son temps pour faire carrière. Il n'est pas pressé de se marier. Il se dit, et le dit aussi aux femmes qui représentent autre chose qu'une brève aventure, qu'il n'est pas encore prêt à se poser. Il consacre tout son temps à travailler, à voyager, et à « s'éclater ».

Gregory trouve la vie très agréable. Il fait du jogging, travaille en plein air ; il est beau, bronzé, musclé, il a l'air juvénile, il s'habille à la mode, bref, il se dit qu'il n'y a pas le feu, et qu'il a tout le temps de se trouver la « femme idéale ».

Il a bien des excuses pour vouloir vivre dans un état de perpétuelle adolescence. Il parle de prendre des responsabilités et de s'engager mais il se sauve dès qu'une femme le lui demande. Il peut se montrer affectueux, et il est sincère, mais il refuse de grandir et d'établir avec elle des rapports d'adultes. Dès que la relation arrive au stade où il serait naturel de l'approfondir, Gregory prend peur et... prend le large. Il reproche systématiquement à la femme d'être « dépendante, collante, possessive, exigeante... ». Jamais il n'affontera ses propres craintes et son refus d'entrer dans l'âge adulte. Il n'est pas conscient de sa répugnance à grandir, car son attitude juvénile lui sert de bouclier et de défense contre toute relation profonde.

Ce que redoute avant tout l'Éternel Adolescent, c'est d'être pris au piège car il n'est pas encore certain de sa propre autonomie. « Devoir donner » et « être capable de recevoir » fait resurgir ses peurs enfouies de dépendance. Il se cache à lui-même sa crainte des relations intimes en ayant des aventures. Ce faisant, il éloigne ses peurs car il se persuade que cela lui suffit et que le mariage est superflu.

L'Éternel Adolescent a des femmes et des relations amoureuses une vision plutôt superficielle. Ses amitiés masculines le sont d'ailleurs tout autant. Il se considère souvent comme un aventurier. Mais la plus grande aventure de toutes, le mariage, est un événement qu'il n'est pas encore prêt à affonter.

Il peut être très captivant au début car il a peaufiné les aspects extérieurs de sa personnalité. Il sait exactement ce qu'il faut dire pour paraître merveilleux et pour qu'une femme se sente bien. Le problème c'est qu'il appâte mais ne saisit pas. L'Éternel Adolescent est frustrant pour les femmes, car il leur glisse entre les mains dès qu'elles veulent approfondir une relation qui leur semble prometteuse. S'il se comportait de manière vraiment ignoble, elles pourraient se libérer plus facilement de lui car elles seraient heureuses d'en être débarrassées. Mais ce n'est pas le cas — le seul véritable reproche que l'on peut faire à cet homme, c'est qu'il refuse de grandir. C'est rageant, mais c'est comme ça !

Nous avons déjà dit que son cas n'était pas désespéré, et c'est vrai. Avec le temps et beaucoup de patience, la plupart de ces hommes finissent tout de même par mûrir, se marier et fonder une famille. L'âge critique, pour eux, se situe autour de trente-neuf ans. Ils commencent à paniquer quand ils ne peuvent plus nier qu'ils approchent de la quarantaine. Ils ont appris qu'ils pouvaient être indépendants et craignent moins d'être piégés par une relation suivie. Ils deviennent conscients de leur propre fin et n'ont pas envie de vieillir seuls.

Alors que nous ne recommanderions pas le modèle

«jeune», le modèle «mûr» n'est pas mal du tout. Si vous rencontrez quelqu'un comme lui et que vous avez envie de faire un bout de chemin avec lui, il vous faut garder à l'esprit quelques facteurs très importants.

Bien qu'il le redoute, cet homme est tout à fait capable de dépendre d'une femme. L'erreur que commettent la plupart d'entre elles, c'est de ne pas comprendre qu'il a vraiment besoin d'une compagne et qu'il peut s'attacher. Mais elles ont tendance à le solliciter trop tôt et ne réussissent qu'à le faire fuir. Leur désir n'est pas inopportun, loin de là, c'est le moment qui l'est. Cet homme est tout à fait capable de s'unir profondément à une femme qui aura la patience de laisser se développer en lui le sentiment qu'il a terriblement besoin d'elle. Alors, et seulement alors, pourra-t-elle entreprendre de briser le statu quo, et de lui demander, légitimement, de s'engager. D'ici là, il sera tellement attaché à elle qu'il n'aura aucun désir de fuir.

Le Blessé Ambulant

Après une séparation ou un divorce, on éprouve naturellement un mélange de chagrin et d'amertume, ainsi qu'un sentiment de rejet. Heureusement, pour la plupart d'entre nous, les blessures guérissent avec le temps, et le meilleur remède est d'aimer à nouveau.

Hommes et femmes souffrent généralement autant, mais il y a des blessures particulières aux hommes qui méritent de la compréhension. Le Blessé Ambulant peut être exaspérant pendant un certain temps, mais il finit un jour par guérir et il est tout à fait récupérable. Ces hommes peuvent en fait devenir de bons compagnons, précisément parce qu'ils ont déjà été engagés de façon durable.

Il y a deux types fondamentaux de blessures. La plus douloureuse, évidemment, est d'être privé de compagne et surtout de sa famille. L'autre est d'être privé de sécurité matérielle à la suite d'un divorce. La perte de la structure familiale est accablante pour la plupart des hommes mariés. Ils se retrouvent soudain seuls dans un appartement ou dans une chambre d'hôtel, ils se sentent perdus, désorientés et abandonnés. Ils envient leur femme qui, le plus souvent, continue à vivre dans la maison familiale et, du moins le croient-ils, dans un environnement sécurisant. Pour la première fois, certains hommes vont découvrir, très douloureusement, à quel point c'était important pour eux d'entendre « Papa ! » quand ils rentraient chez eux, après le travail.

Contribuant à ce sentiment d'isolement qu'éprouvent les hommes qui ont été mariés, pèse la nécessité de continuer à travailler dur, malgré leur chagrin, pour gagner de l'argent. Pour beaucoup d'hommes, le divorce signifie des problèmes d'argent : destruction de la sécurité matérielle et d'un mode de vie confortable qu'ils ont eu beaucoup de mal à établir et pour lequel ils ont beaucoup travaillé. Les femmes aussi souffrent de la réduction de moyens qu'implique un divorce, mais notre but est de vous faire connaître ici le point de vue masculin.

Après un divorce, la plupart des hommes ont l'impression qu'on leur a tout arraché. Quel que soit le bien-fondé de cette impression, ils souffrent encore du sentiment d'impuissance qu'ils ont éprouvé pendant tout le temps qu'a duré le processus de dissolution du mariage. Ce sentiment d'impuissance est souvent lié à la perte de la garde de l'enfant. En outre, ils ont des problèmes financiers croissants car ils doivent subvenir aux besoins de deux foyers. Quand ils sont très déprimés, ils craignent de ne pouvoir faire face à ces dépenses.

Bien qu'ils soient plus libres que leurs épouses d'avoir des aventures, ils ont la sensation que tout cela n'est qu'un rêve. Ils ont tendance à boire pour atténuer leur dépression.

Quelle impression font ces hommes aux femmes qu'ils rencontrent ? S'ils sont célibataires de fraîche date, ils peuvent être séduisants car ils n'ont pas encore arboré la carapace de ceux qui sont séparés depuis longtemps. Ils peuvent aussi être vulnérables, ce qui n'est pas pour déplaire aux dames, surtout celles qui aiment dorloter.

L'homme séparé depuis peu est ouvert et meurt d'envie de se confier. Ses confidences, qui dégénèrent souvent en attendrissement sur soi, risquent au bout d'un moment d'exaspérer celle qui l'écoute. Il a tendance à parler de son ex-épouse et à vitupérer toutes les injustices qu'il a subies. Il peut devenir si ennuyeux qu'il fait fuir les femmes. Un conseil : au bout d'un moment, cessez de prêter l'oreille à ses jérémiades. Ce n'est pas bon pour lui de se complaire dans l'apitoiement sur soi, et tellement peu romantique pour une femme, quelle qu'elle soit.

Le problème avec le Blessé Ambulant, c'est qu'il est capable de briser le cœur d'une femme. Une femme de trente à quarante ans peut rencontrer un homme divorcé du même âge, ou plus âgé et qui a des enfants d'un premier mariage. Il est très important que cette femme, si elle désire avoir elle-même des enfants, le fasse savoir très tôt à son compagnon, car beaucoup d'hommes divorcés sont pleins de bonnes intentions mais n'ont pas la moindre envie de fonder une nouvelle famille. Pourtant ils bredouilleront de vagues « ma foi, si tout se passe bien, je crois que j'aimerais avoir un autre enfant ». Mais cela ne suffit pas. Cette femme a besoin d'une réponse claire ; si elle ne l'obtient pas, il vaut mieux qu'elle parte tout de suite. Investir des années précieuses dans une liaison, pour finir avec un homme qui a des rêves très différents, est vraiment tragique.

Les hommes divorcés depuis un an ou plus sont généralement moins attirants que ceux dont nous venons de parler. Mais ils possèdent souvent un autre genre de séduction et pas des moindres : ils sont mûrs pour une nouvelle relation, et cela en dépit de leur carapace apparemment très résistante. Bien que circonspects et craignant de se brûler les ailes à nouveau, ils ne refusent pas de s'attacher. Ils peuvent faire de bons compagnons et ont véritablement envie d'intimité amoureuse, mais ils ont peur. La solution est simple : ne les poussez pas à s'engager trop tôt, laissez-leur au moins six mois. Les femmes qui ont besoin d'être immédiatement rassurées ne conviennent pas à ce genre d'hommes. Ils ont absolument besoin de temps pour se récupérer, mais cela ne dure pas éternellement. Après une période plus ou moins longue, il est normal que la relation s'approfondisse et qu'il s'implique davantage. Il le fera si la femme le désire avec force. Un ultimatum se révélera peut-être nécessaire dans certains cas. La femme qui attend sans rien exiger a tort, car il la considérera comme acquise.

Encore un mot à propos du Blessé Ambulant. Il y a des femmes qui disent à leurs amies :

« Surtout évite les hommes qui sortent d'une liaison ou qui viennent de rompre. Ils ont besoin d'une infirmière. Dès qu'ils seront guéris, ils te plaqueront pour courir la prétentaine. »

Il est vrai qu'ils peuvent se montrer exagérément dépendants au début, et qu'ils ont besoin d'avoir quelques aventures, mais les meilleurs d'entre eux ne s'en satisfont pas longtemps. Les hommes qui ont été mariés, même s'ils n'ont pas été heureux en ménage, ont envie de vivre avec une femme. Ils ne restent pas célibataires longtemps et ne devraient pas être écartés inconsidérément.

DEUXIÈME PARTIE

COMMENT FAIRE LE BON CHOIX ?

7.

BEAUCOUP DE FEMMES INTÉRESSANTES PEU D'HOMMES VALABLES ?

La deuxième partie de ce livre traite de la manière intelligente d'agir avec les hommes. Nous voulons, pour commencer, vous parler d'une inquiétude largement répandue concernant « la grande pénurie d'hommes ». Nous vous proposons une nouvelle façon d'interpréter ce dilemme en gardant à l'esprit que la résolution d'un problème, quel qu'il soit, dépend beaucoup de la façon dont ce problème a été posé.
— Où sont donc les hommes « valables » ?
— Je connais un tas de femmes formidables, mais je connais peu d'hommes célibataires intéressants et séduisants.
— Les hommes libres que je rencontre ne sont pas des cadeaux, ou bien ils ne pensent qu'à leur boulot, ou bien ils sont dingues de sport, encore attachés à leur ex-femme, névropathes au dernier degré ou célibataires pour de bonnes raisons.
— Je refuse de m'engager avec un homme qui ne répond pas à ce que j'attends et, ma foi, ça ne me laisse que peu de choix.
Nous entendons des déclarations comme celles-ci tous les jours. Nous avons demandé autour de nous à nos patientes, nos épouses, nos amies : « Pensez-vous qu'il y a plus d'hommes ou plus de femmes célibataires intéressants ? » La

réponse a été unanime : il y a surplus de femmes et pénurie d'hommes (il s'agit de personnes intéressantes bien entendu).

Statistiquement, les femmes sont en effet plus nombreuses que les hommes et l'écart augmente avec l'âge. Il y a aussi une plus forte concentration de femmes célibataires dans les grandes agglomérations urbaines. Selon des estimations prudentes, il y a environ cinq femmes célibataires pour quatre hommes disponibles dans beaucoup de métropoles. Les femmes qui vivent dans les grandes villes subissent réellement la loi du nombre. Il y a là un déséquilibre significatif qui permet d'expliquer le désespoir des femmes qui ne rencontrent jamais d'hommes qui leur conviennent.

Le problème, cependant, ne dépend pas seulement du nombre mais de la disponibilité des hommes qui feraient de « bons partis ». En effet, il ne s'agit pas tant de trouver un homme, vaille que vaille, que d'en trouver un qui plaise. D'après nous, ce n'est pas la pénurie d'hommes qui est en question, mais le manque d'hommes de qualité. Par là nous voulons parler de ceux qui non seulement réussissent matériellement mais qui ont aussi des personnalités attachantes, et, partant, sont universellement appréciés.

En d'autres termes, il semblerait que quatre-vingts pour cent des femmes célibataires sont intéressées par vingt pour cent des hommes disponibles. Qu'il y ait plus de femmes célibataires que d'hommes est indéniable, et nous constatons que les hommes qui réussissent à se glisser dans le créneau étroit du processus de sélection des femmes évoluées sont en effet statistiquement peu nombreux. En tenant compte de ces facteurs, nous pensons que les femmes intelligentes devraient se montrer plus réalistes dans leurs espérances si elles veulent établir des relations de couple.

Épouser au-dessus ou au-dessous de sa condition

Les femmes ont toujours entendu dire que c'est en épousant un homme accompli qu'elles pouvaient acquérir un statut social ; ce phénomène joue un rôle majeur dans le fait qu'elles ne trouvent pas d'hommes à leur convenance. De nos jours, les femmes évoluées développent leurs propres potentiels et parviennent à obtenir un statut social et à se réaliser par elles-mêmes. Beaucoup de femmes célibataires néanmoins, quelle que soit leur situation, continuent à subir des pressions extérieures aussi bien qu'intérieures, qui les poussent à se marier « au-dessus de leur condition ». Les hommes sont encore considérés comme rampe de lancement pour s'élever dans l'échelle sociale et pour améliorer sa sécurité matérielle.

« Quand je me suis marié, nous raconte Claude, je voulais présenter mes amies, qui étaient des femmes formidables, à mes copains. Au bout d'un moment, j'ai renoncé car j'ai compris qu'aucun d'entre eux n'était assez " bien " pour ces dames ! Je me suis rendu compte qu'aucune ne voulait d'un homme qui ait le même niveau de situation qu'elle ; il fallait que les hommes aient une position plus élevée. Pour vous citer un exemple, j'ai un ami qui est cadre moyen dans une entreprise et je voulais lui présenter une de mes amies qui est avocate. Ils gagnaient tous les deux à peu près la même chose. Elle refusa de faire sa connaissance. Quand je lui ai demandé pourquoi, elle m'a vaguement expliqué qu'il risquait de se sentir menacé par sa réussite professionnelle. Je savais que ça ne tenait pas debout et j'ai compris qu'elle avait en réalité des " vues plus hautes ". Ses amis l'avaient persuadée qu'elle méritait un vrai " gagnant ". »

Lorsqu'on parle à une femme et qu'on lui demande de définir son type d'homme idéal, elle décrit invariablement un homme qu'elle considère comme lui étant supérieur dans au moins un ou deux domaines. La plupart des femmes veulent un homme qui gagne plus qu'elles car elles continuent à penser que le mari doit être la source de revenus la plus importante, et cela même si elles ont des professions libérales, si elles sont cadres et gagnent très bien leur vie.

Beaucoup croient fermement que les hommes se marient « au-dessous de leur condition ». Un vieux proverbe dit : « Les femmes épousent le pouvoir, les hommes, la beauté », ce qui signifierait que les hommes ne sont intéressés que par le physique et qu'ils sont attirés par des femmes qui surtout ne sont pas menaçantes pour leur ego de mâle. Cette conception nous semble erronée.

Lorsque nous avons demandé à nos patients de nous décrire la compagne idéale, ils ont tous parlé des qualités suivantes qu'ils considéraient comme très importantes : le sens de l'humour, la chaleur, l'intelligence, le charme, la confiance, la sincérité, et la stabilité émotionnelle. Les femmes recherchent certainement les mêmes qualités chez les hommes, mais pour certaines, il semblerait que cela ne suffise pas. Ces qualités doivent en outre être accompagnées de cette réussite matérielle, qui seule permet de dire d'un homme qu'il peut devenir un compagnon éventuel.

Aucun des hommes avec qui nous nous sommes entretenus n'a mentionné le fait qu'il se soit marié « au-dessus » de sa condition. La plupart avaient fait des études supérieures et gagnaient davantagne que leur épouse, mais tous la considéraient comme leur égale.

Certains hommes, indiscutablement, se sentent menacés par la réussite sociale d'une femme. Mais c'est exceptionnel. Celui qui réussit et se réalise professionnellement n'a pas besoin de la réussite de sa compagne pour rehausser son ego, ni de son salaire pour se sentir en sécurité. Ce qui attire les hommes, ce sont des qualités indépendantes de la réussite professionnelle, contrairement aux femmes pour qui la réussite compte énormément quand elles choisissent un compagnon. Les femmes, surtout celles qui gagnent très bien leur vie, sont donc confrontées à de réels problèmes. En effet, ce n'est pas parce qu'une femme a travaillé dur pour entreprendre des études et faire carrière qu'elle est nécessairement plus appréciée par un homme — en particulier par un homme qui a très bien réussi, celui-là même qu'elle convoite. Il y a cependant de plus en plus d'hommes qui réussissent professionnellement et qui estiment à leur juste valeur le soutien et l'agrément que peut représenter pour eux une compagne matériellement indépendante pour qui la carrière compte.

Beaucoup de femmes qui réussissent professionnellement sont frustrées car la compétition est ardue lorsqu'il s'agit de trouver un homme valable. Les femmes intelligentes nous disent souvent : « Que veulent les hommes ? A l'évidence des femmes qui ne constituent pas une menace pour eux. » A notre avis, elles ont tort, bien qu'il soit vrai que les hommes établissent des priorités différentes des leurs.

Pourquoi les hommes mariés paraissent mieux que les autres ?

On entend souvent les femmes dire que « les bons » sont tous pris. Ou que les hommes mariés paraissent en quelque sorte toujours plus séduisants que les célibataires. Il y a une explication simple à cela : les hommes mariés ou engagés affectivement ne sont pas tellement différents des autres — ils se comportent seulement d'une manière différente. Un homme sécurisé par la vie de couple est plus décontracté et plus libre avec les autres femmes ; les célibataires, hommes et femmes, ont au contraire tendance à être davantage sur la réserve. C'est la raison pour laquelle l'ambiance des bars de célibataires [1] est si peu sympathique. Les célibataires des deux sexes se plaignent les uns des autres ; pourtant, lorsque les mêmes personnes se rencontrent dans d'autres circonstan-

---

[1]. Les bars des célibataires *(single-bars)* sont des lieux de « drague » systématique où la rencontre n'est jamais fortuite mais plutôt programmée *(N.d.T.)*.

ces, plus favorables, ils se trouvent plus intéressants et plus attirants. Tous les « bons » ne sont pas mariés ; c'est seulement que le mariage confère aux hommes la confiance et la sécurité qui leur permettent d'être plus naturels et plus spontanés. Qu'un célibataire timide et anxieux trouve la femme qui lui convient, et il s'épanouira à son tour pour devenir un séduisant homme marié.

Les prophéties qui s'accomplissent

Depuis quelques années nous entendons certaines femmes émettre sur les hommes un jugement malheureusement défavorable. Le ton général laisse entendre que les hommes actuels ne sont pas « au mieux de leur forme ». Ils seraient moins attachants, moins captivants, moins intéressants que les femmes. Ces critiques ont beau n'être pas totalement dénuées de pertinence, nous pensons que les préjugés anti-masculins sont aussi préjudiciables aux femmes que le phallocratisme l'est aux hommes.

Tout d'abord, les hommes ne croient pas être aussi sous-développés, ennuyeux, et transis de peur que certaines femmes le pensent. Et même si c'était le cas, les aborder en en étant persuadée est le plus sûr moyen d'empêcher que quelque chose de positif ou de nouveau se produise.

La plupart des hommes sont satisfaits de ce qu'ils sont. En outre, ils ne se plaignent pas des femmes, car beaucoup sont très contents des changements survenus. En fait, aujourd'hui, comme les femmes se plaignent d'une « grande pénurie d'hommes », ceux-ci ont plutôt l'impression d'être une denrée rare que l'on s'arrache !

Il est important de comprendre que la critique et le dénigrement systématique des hommes ne mènent nulle part, et que ce n'est certainement pas la bonne méthode avec eux. Nous avons tous des côtés merveilleux et d'énormes défauts. Pourtant, certaines femmes ont tendance à se montrer toujours indulgentes envers leurs consœurs et toujours inflexibles avec les hommes. Il y a toujours deux poids deux mesures. Les femmes supportent les défauts de leurs amies alors que des défauts identiques, voire moindres, deviennent inadmissibles chez les hommes.

Tout dépend du point de vue où l'on se place. Pour chaque femme qui affirme que les hommes manquent d'éclectisme, il y a un homme qui prétend que les femmes ne s'intéressent pas aux affaires du monde. Certaines femmes ont l'impression que les hommes sont polarisés par leur carrière, et certains hommes ne peuvent comprendre pourquoi les femmes sont incapables de se passionner « vraiment » pour un match de football ou une partie d'échecs. Le fait est que si vous essayez de comprendre les personnes du sexe opposé, si vous cherchez ce qu'il y a de meilleur dans l'autre, c'est le meilleur qui apparaîtra. Si vous vous attendez au pire, c'est sûrement ce que vous récolterez.

Celles qui renoncent à jouer les pythies ont souvent des expériences intéressantes et enrichissantes avec les hommes. Il est réjouissant qu'hommes et femmes puissent se parler d'une manière détendue et se témoigner autant d'intérêt que lorsqu'ils s'adressent à leurs amis du même sexe. Coller des étiquettes et enfermer les êtres dans des catégories ne permet pas de découvrir ce qu'il peut y avoir de nouveau, de formidable, de passionnant en eux. Quand nous abordons quelqu'un avec une attitude du genre « fais-nous-un-peu-voir-ce-que-tu-vaux », le résultat ne peut être que négatif. Pourtant, d'après ce que nous avons remarqué, les célibataires agissent trop souvent de cette manière les uns envers les autres. Les relations sociales s'en trouvent appauvries et il n'y a plus rien de nouveau sous le soleil.

Il est important de comprendre que les gens — hommes ou femmes — qui ont le sentiment d'être jugés et évalués dès qu'ils ouvrent la bouche ne montrent pas le meilleur d'eux-mêmes. Ils perdent toute spontanéité et deviennent tendus, et pesants. La façon dont une femme se comporte avec un

COMMENT FAIRE LE BON CHOIX

homme peut véritablement changer son attitude envers elle, et, partant, il peut se montrer enfin digne d'intérêt et séduisant.

Quand le cynisme et le pessimisme sont mis en veilleuse, ce qui semble être de prime abord une « pénurie d'hommes » peut finalement ressembler à de l'abondance.

8.

CHAGRIN D'AMOUR
NE DURE QU'UN MOMENT

Arlène, trente-six ans, décoratrice de plateau pour la télévision, souffre mille morts depuis sa rupture avec Albert, un jeune comédien de vingt-cinq ans, survenue il y a dix semaines. Elle en a perdu le sommeil et huit kilos, elle qui était déjà si mince ! Cette femme charmante, équilibrée, pleine de vie, se consume littéralement pour ce garçon qui l'a laissée tomber, sans crier gare, pour une rockeuse de vingt-deux ans.

La pensée d'Albert la hante pendant la journée ; et la nuit, sa jalousie lui fait faire des cauchemars où elle est en présence de son ex-amant et de sa nouvelle petite amie.

L'humiliation qu'elle éprouve de ne pouvoir sortir cet homme de sa tête est certainement aussi douloureuse que la perte de son amour.

Dès le réveil, elle commence à imaginer ce qu'il est en train de faire. Quand elle s'endort, les mêmes images traversent son esprit.

Le fait qu'ils travaillent tous les deux dans le même studio ne lui facilite certainement pas les choses. Elle ne peut s'empêcher de surveiller sa place de parking pour savoir s'il est arrivé. Au début, elle prenait un air désinvolte pour demander des nouvelles d'Albert et de sa petite amie à leurs amis communs, comme si ça lui était égal. Mais depuis quelque temps, le ton sur lequel elle les questionne est plus désespéré. Il est évident qu'elle ne renonce pas à lui. Elle lui écrit des lettres qu'elle n'envoie jamais. Elle lui téléphone au milieu de la nuit et raccroche quand c'est « l'autre » qui répond.

Elle reçut le coup de grâce l'autre soir, alors qu'elle passait devant chez lui pour voir si les lumières étaient allumées. Les fenêtres étant sombres, elle gara sa voiture dans une rue adjacente d'où elle pouvait surveiller l'entrée de l'immeuble. Elle s'endormit et fut réveillée par quelqu'un qui frappait à la vitre. Quelle ne fut pas son horreur lorsqu'elle reconnut Albert ! Elle vit le visage stupéfait du jeune homme et « l'autre » à un mètre de là, assise dans la voiture d'Albert. Arlène resta paralysée, et lui fit demi-tour en hochant la tête. Il ouvrit la portière à la jeune fille, mit sciemment son bras autour de ses épaules, et ils s'éloignèrent ensemble sur le trottoir.

Barbara, trente ans, décoratrice d'intérieur, souffre d'insomnie depuis huit mois, en fait depuis que son petit ami a pris congé d'elle en lui bredouillant des adieux maladroits.

Leur relation avait été brève et étourdissante. Ils avaient beaucoup de goûts en commun, en particulier l'amour de la nature. Ils allaient souvent camper, partaient en randonnée et passaient des heures merveilleuses à contempler la beauté du soleil couchant, serrés l'un contre l'autre devant un feu de camp. Elle fit connaître à Bernard le monde du graphisme qu'elle aimait beaucoup. Il lui fit faire du jogging. Barbara n'aurait jamais cru que ça lui plairait, mais au bout d'un moment elle éprouva beaucoup de plaisir à courir en silence sur la plage, le soir, en compagnie de Bernard.

Elle se sentait très proche de lui et très heureuse. Mais cette harmonie presque parfaite s'effondra quand, inexplicablement, il commença à s'éloigner d'elle. Son besoin de comprendre le pourquoi de cette attitude et de vouloir garder

Bernard ne fit qu'accélérer l'éloignement de celui-ci. Il la quitta un jour, avant même qu'elle ait eu le temps de s'habituer à cette idée.

Barbara n'arrivait pas à croire qu'elle était seule désormais, et qu'il était parti pour de bon. Elle lui parlait dans sa tête — certains dialogues étaient tendres et nostalgiques, d'autres douloureux et agressifs, d'autres encore sur le ton du reproche et de la récrimination. Elle dissimulait si bien son chagrin que même ses amis les plus proches croyaient qu'elle s'en sortait merveilleusement bien. C'était faux.

Les restaurants, les chansons, les cinémas, même les vêtements qu'elle portait quand elle sortait avec lui, tout lui rappelait l'absence de l'homme aimé. Lorsqu'elle était seule, ce qui lui arrivait la plupart du temps quand elle ne travaillait pas, elle revivait le passé, essayait sans cesse de récapituler ce qui s'était passé, de comprendre ce qu'elle aurait dû faire ou dire pour que les choses tournent autrement, comme si mettre le doigt sur la bonne explication eût pu changer quoi que ce soit — et, par magie, faire revenir Bernard.

Au cours d'une séance, elle nous dit :

« Je sais bien que c'est fini, qu'il ne reviendra pas, mais je continue pourtant à penser à lui. Je sais que c'est ridicule d'espérer, mais je le fais quand même. Je vais vous dire quelque chose dont je ne suis pas fière : je mets souvent, pour dormir la nuit, un vieux survêtement qui lui appartenait. Quand j'ai ce truc stupide sur le dos, j'ai l'impression de dormir dans ses bras. »

Jacqueline, vingt-huit ans, secrétaire, a rompu il y a deux ans avec Alain, journaliste. Depuis, elle a fréquenté beaucoup d'autres hommes, mais aucun ne peut se comparer, même de loin, à Alain. Jacqueline était persuadée qu'il était exactement « l'homme qu'il lui fallait ». Intelligent, venant d'une famille très entreprenante, il paraissait posséder toutes les qualités requises. Elle adorait sa famille, et l'adopta comme la sienne ; elle aimait aussi beaucoup les nombreux amis

COMMENT FAIRE LE BON CHOIX

d'Alain qui étaient passionnants, un mélange d'artistes engagés et de militants politiques.

Jacqueline se sentait complètement épanouie en présence d'Alain. Elle avait l'impression d'être plus attirante, mieux dans sa peau que jamais auparavant. Pourtant, quand elle était honnête avec elle-même, Jacqueline devait reconnaître que la perfection d'Alain était en grande partie due à son désir de le voir ainsi. Il était en effet loin d'être sans défaut.

La seule passion d'Alain était son travail. Rien ne l'emballait plus qu'une enquête épineuse ou un reportage d'un mois sur une guerre à l'étranger. L'amour passait au second plan. Jacqueline parla de son désir de se marier et d'avoir des enfants ; Alain lui répondit qu'il était question que son journal l'envoie à Beyrouth comme correspondant permanent. Quand on lui proposa le poste, il s'empressa de l'accepter et tous les espoirs de Jacqueline s'effondrèrent. Elle en fut désespérée.

Pendant les deux premiers mois, Alain lui écrivit deux fois par semaine et elle répondit à chaque lettre. Tous deux prenaient soin de parler de choses banales. Ni l'un ni l'autre ne parlait d'avenir. Les lettres devinrent plus brèves, plus rares, et enfin cessèrent. Jacqueline s'efforça de sortir avec d'autres hommes, mais elle avait le sentiment qu'aucun ne valait Alain et ne pouvait faire naître en elle les sentiments très particuliers qu'elle éprouvait pour lui.

Elle avait raison. En comparant Alain à tous les hommes qu'elle fréquentait, pas un ne lui arrivait à la cheville. Elle comprit bientôt qu'elle cherchait son ex-amant dans chacun d'eux, et qu'évidemment il n'y était pas. Sa quête obstinée l'empêchait de voir les qualités personnelles de ses nouveaux amis. Ils n'étaient pas Alain, donc ils n'existaient pas.

Il est regrettable que Jacqueline ne considère pas Alain comme un homme qu'elle a aimé, mais comme le « seul » être au monde capable de susciter en elle le sentiment vertigineux et merveilleux de l'amour. « Je continue à rêver qu'il va revenir, que tout va recommencer là où ça s'est arrêté. Je sais que ce n'est pas très réaliste, mais c'est comme ça. »

Ces jeunes femmes ont toutes un point commun : elles pleurent un amour perdu. Alors que leur chagrin est réel et profond, il est aussi autodestructeur. Ce chagrin inconsolable est non seulement lié à la quête de l'homme idéal, mais à la sensation d'avoir connu l'amour parfait.

Il est évident que le travail du deuil doit se faire, mais prolonger ce processus tend à prouver que les femmes se complaisent dans le rôle de victimes tant il est vrai que leur estime de soi n'est guère développée.

Les chagrins d'amour qui durent indéfiniment sont davantage le fait des femmes que celui des hommes. Ce n'est pas que les hommes ne sont pas touchés par ce fléau, ni qu'ils en souffrent moins. Mais c'est la façon d'aborder et de traiter le problème qui est différente. Les hommes ont tendance à écarter le sentiment de rejet, même s'il s'agit de quelqu'un qu'ils aiment vraiment, en se trouvant très vite une autre femme — on peut même dire avec une rapidité surprenante. En revanche, les femmes commettent l'erreur de lutter contre ce même sentiment en continuant à se faire des illusions et d'imaginer que l'homme qui les a quittées leur reviendra un jour — choix autodestructeur et douloureux. Nous l'avons vu, les relations affectives ayant une importance prépondérante chez les femmes, elles prennent d'énormes risques et font des efforts héroïques pour sauver ou restaurer une relation.

La magie de l'amour

Quand une femme tombe amoureuse, elle a tendance à imputer des pouvoirs quasi magiques à l'élu de son cœur. Les origines de cette tendance se retrouvent dans le conditionnement de l'enfance. Comme nous l'avons dit au début de cet ouvrage, les femmes attachent très tôt une grande importance aux relations et à l'attachement. Dès lors, plus libres d'exprimer leurs émotions, elles sont davantage susceptibles de ne pas réprimer les sentiments que les hommes leur inspirent. Ce qui fait qu'elles accordent à leurs amants des qualités presque magiques. Nous ne voulons pas dire pour autant qu'elles les voient sans défauts ; elles perçoivent très bien qui ils sont. Il s'agit plutôt de ce qu'elles éprouvent pour l'homme dont elles sont éprises et auquel elles attribuent généreusement des qualités et un pouvoir exceptionnels.

C'est ce que Jacqueline cherche à exprimer quand elle dit :

« Il a quelque chose de vraiment spécial, et je sais que je ne le trouverai chez aucun autre. Parfois je me dis même que c'est idiot de continuer à chercher. Personne ne peut posséder ce charme qui lui est propre et les qualités qui me le rendent si cher. »

Alain est peut-être un garçon très intéressant, mais il n'est vraiment pas tel que Jacqueline l'imagine. Il n'avait pas tellement de considération pour elle quand ils vivaient ensemble et il a mis fin à leur relation de façon plutôt minable. La folle espérance de Jacqueline et sa recherche de perfection font qu'elle ne tient pas compte de la réalité et qu'elle refuse d'admettre les défauts manifestes d'Alain en tant qu'amant. Elle continue à être obnubilée par des qualités qui la rendaient heureuse. Ce qui l'empêche de guérir de son mal d'amour, c'est qu'elle reste aveugle aux aspects séduisants des autres hommes, et qu'elle s'enferme dans l'illusion qu'Alain lui reviendra.

La fierté blessée

Il est normal et naturel de se sentir malheureux lorsqu'un être aimé vous quitte. Le rejet peut être encore plus cruel que la mort, car il porte en lui la morsure douloureuse qui atteint notre fierté et notre confiance en nous. Bien qu'il soit normal que notre propre estime soit quelque peu ébranlée lorsque la personne que nous aimons nous quitte, le désespoir inguérissable est une chose tout à fait différente. Le désespoir amoureux est proportionnel au pouvoir conféré à l'homme aimé, et perdu — pouvoir qui rehausse la valeur de la femme en tant qu'amante, femme, et personne.

Une femme ne doit jamais donner à un homme le pouvoir de déterminer son image d'elle-même. Personne ne devrait avoir ce pouvoir, en aucun cas ; et pourtant, combien de femmes se sentent dévalorisées parce qu'un homme les a repoussées !

Les femmes qui ne se remettent pas d'un chagrin d'amour refusent d'affronter leur propre capacité d'agir, préférant se sentir le jouet de forces qu'elles ne maîtrisent pas. Elles se comportent en victimes. Quand un homme les aime, elles se sentent exister, et quand il les quitte, il détruit en même temps leur capacité de se sentir bien dans leur peau, et leur estime de soi. Au lieu de voir les défauts de l'homme qui les quitte, beaucoup de femmes ont tendance à se dire que c'est de leur faute à elles, qu'elles ont fait quelque chose de mal. Cette attitude coupable est stérile et ne fait qu'intensifier leur tourment.

Un clou chasse l'autre

Le premier pas à franchir, si une femme veut se guérir d'un amour malheureux, c'est de renoncer à cette qualité magique qu'elle attribuait à son bien-aimé et à leur relation. Elle doit cesser de penser qu'elle n'éprouvera jamais plus la même chose, et comprendre que, quelle qu'ait été leur relation, c'est de l'histoire ancienne. C'est seulement après avoir pris conscience de « l'irréalité » de la relation qu'elle pourra créer un contexte favorable à un renouveau.

Le second pas, c'est d'assumer plus de responsabilité dans le déroulement de ce qui se passe dans la vie : toute la panoplie de sentiments, de réactions à autrui, d'événements, etc. Pour différentes raisons, cela n'a pas marché. Mais il est crucial qu'une femme comprenne qu'elle n'était pas un ingrédient sans importance dans cette relation : elle en était l'autre moitié, sans elle, « la mayonnaise n'aurait pas pris », et la magie n'aurait pas joué.

Nous avons remarqué que beaucoup trop de femmes oublient trop souvent la relation de cause à effet dans le processus des rapports amoureux. Elles ne tiennent pas compte de leur propre pouvoir, en particulier quand elles se sentent impuissantes à garder un homme. Elles confondent peut-être cette perte de pouvoir temporaire avec un sentiment plus durable et d'impuissance.

Quand un homme quitte une femme, il n'emporte pas ce qu'elle est avec lui. Elle, et elle seule, détient sa propre valeur et son identité. Personne, pas même le plus adroit et le plus diabolique des hommes, ne peut lui voler cela.

Reconnaître l'importance de son propre rôle dans une relation constitue la condition nécessaire pour se libérer d'un chagrin prolongé. Cette reconnaissance manifeste non seulement un désir de guérison mais donne une véritable raison d'espérer que l'amour est à nouveau possible.

Nous le savons, la tendance qu'ont les femmes à se transformer en proies et à permettre aux hommes d'asseoir leur propre narcissisme joue un rôle important dans un chagrin d'amour qui n'en finit pas. Si vous êtes victime de ce phénomène, vous devez récupérer ce pouvoir et apprendre à aimer ce que vous êtes. Cherchez de nouveaux moyens de vous faire plaisir et de vous rassurer sur votre propre valeur. Recherchez des situations gratifiantes qui fortifieront votre confiance en vous grandement affaiblie. Pour ce faire, il vous faudra certainement faire de nouvelles rencontres et de nouvelles expériences.

Beaucoup de femmes qui ont été rejetées ont d'immenses difficultés à s'attaquer au problème fondamental de la perte de l'estime de soi. Leurs pensées et leurs désirs sont canalisés

CHAGRIN D'AMOUR...

sur l'homme qui les a quittées. Le problème vient en partie de cette obsession — quel salaud ! ou quel type formidable ! — pour constituer une défense qui leur sert à éviter de se pencher sur leur manque de confiance et leur piètre estime de soi.

Pour nombre d'entre elles, il est plus facile de s'en prendre à cet homme que d'affronter le véritable problème, à savoir qu'elles ne sont pas contentes d'elles. Pour notre part, nous n'avons jamais rencontré de femme satisfaite d'elle-même et bien dans sa peau engluée dans un chagrin d'amour qui n'en finit pas. Toutes celles qui ne parviennent pas à s'en guérir se sentent peu dignes d'être aimées.

Le problème n'est donc pas l'homme, mais l'image de soi. Certes, s'il y a des raisons valables à un rejet, il est nécessaire d'en tenir compte. Mais n'oubliez pas que vous étiez *deux* quand ça marchait ; la responsabilité de la rupture ne peut donc être imputée à une *seule* personne. Tout comme la réussite, l'échec d'une relation dépend des deux protagonistes.

Pour pouvoir aimer à nouveau, il faut renoncer à ses anciennes souffrances et abandonner le ressentiment. Affirmer que tous les hommes sont des imbéciles et que personne n'est à la hauteur de votre ex-amant n'est qu'une excuse pour éviter de prendre un risque et de s'exposer à nouveau.

Il est important qu'une femme entretienne l'espoir qu'elle peut aimer à nouveau et se sentir merveilleusement bien avec un homme qu'elle n'a pas encore rencontré, mais qui sera certainement très différent de celui qui l'a fait souffrir. Il est essentiel qu'elle donne une chance à cet homme, encore inconnu, car il lui fera peut-être vivre une expérience plus riche que la précédente. Il ne suffit pas de sortir avec d'autres hommes. Il faut une ouverture, une disponibilité à de nouvelles rencontres, et surtout, il faut porter un regard neuf sur les autres. Foin des comparaisons !

Nous ne sommes que des êtres humains, après tout. Personne ne détient de pouvoir magique. Il n'y a pas seulement *un* être au monde qui nous convienne, il y en a *beaucoup*. Si une femme vit à San Francisco, elle trouvera un compagnon. Si elle vit à Paris, elle en trouvera un aussi. Une femme a toutes les possibilités de former avec quelqu'un de nouveau une relation intense, forte et importante pour elle, à la seule condition de reprendre confiance en elle — à travers ses amis, ses activités, ses réalisations. Lorsqu'on est conscient de sa propre valeur, on peut retrouver le courage, la liberté et l'ouverture du cœur nécessaires pour aimer de nouveau.

9.

COMMENT SE LIBÉRER
DE L'OBSESSION DE L'AMOUR

Le désir d'établir une relation avec le sexe opposé représente une force magnétique primitive et irrésistible qui nous pousse inexorablement l'un vers l'autre. Malgré nos peurs, nos frustrations et nos échecs, nous réussissons tant bien que mal à nous remettre de nos déboires ; et nous voilà repartis, une fois de plus, pour tenter de décrocher le gros lot : un amour qui dure.

Tous autant que nous sommes nous recherchons dans une relation amoureuse un havre de paix et d'empathie, aussi bien qu'un remède à notre solitude, un sentiment de continuité, et des intérêts communs. Mais pour certaines femmes, les liens affectifs ont encore une autre signification : ils évoquent le délicieux tourment du désir ardent, l'aventure, et la confirmation de leur valeur. Pour beaucoup de ces femmes le choix d'un compagnon est moins lié à l'accumulation sélective des éléments cités plus haut qu'un moyen pour elles de consolider une image narcissique pour le moins chancelante. Les hommes aussi se choisissent des palliatifs pour résoudre leurs problèmes profonds, mais cela prend chez eux une autre forme. Alors que les femmes recherchent le prince charmant, idéalisant de façon romanesque les relations amoureuses, beaucoup d'hommes sont poussés par l'appât du gain. L'argent, avec tout ce qu'il symbolise, devient pour les hommes un moyen d'affirmer leur valeur personnelle et d'étayer leur estime de soi. Ils foncent tête baissée, dans l'espoir que l'argent leur accordera mérite et assurance.

Malheureusement, ou peut-être heureusement, ces stratégies extérieures mises en place pour régler des dilemmes intérieurs sont vaines. La valorisation personnelle est beaucoup plus compliquée que cela. Elle nécessite un accomplissement individuel et une sincère satisfaction de soi. La personne que nous avons à notre bras et la somme d'argent que nous détenons dans notre porte-monnaie n'y suffiront jamais.

Tandis que les hommes s'acharnent à gagner de plus en plus d'argent, les femmes deviennent trop fréquemment la proie d'un sentimentalisme exalté. Plutôt que de profiter des plaisirs et des joies que peut procurer une relation harmonieuse, certaines sont obsédées par le frisson vertigineux des aventures passionnées.

Quatre types d'intoxiquées de l'amour

Avoir besoin d'amour et le tenir pour essentiel dans la vie n'est pas une preuve d'intoxication. On ne parle d'intoxication amoureuse, différente du désir sain et légitime, que lorsque les sentiments qui accompagnent ce désir sont excessifs, faussés et fugitifs. C'est alors que la quête de l'amour prend une tournure obsessionnelle.

Quel est le profil de cette droguée de l'amour ? Elle vit et respire dans l'espoir illusoire de rencontrer Celui qui la comblera, qui lui donnera tout ce qui lui manque.

Peu importe ce qu'est sa vie — si elle aime son métier, si elle a des amis, du talent, ou si elle se réalise dans un domaine quelconque — elle reste persuadée que rien n'a autant d'importance que l'amour. Tous les jours et toutes les nuits passés sans amant, elle se languit dans l'attente d'une rencontre magique.

La caractéristique la plus patente de l'intoxiquée de l'amour est sa compulsion à répéter sans cesse les mêmes schémas. C'est cette répétition sans fin qui rend « l'amouromanie » si destructrice. L'amoureuse de l'amour croit sincèrement qu'elle désire une relation durable, alors qu'en fait, rien n'est moins vrai.

Il y a quatre types fondamentaux de droguées de l'amour. Toutes les « amouromaniaques » ont eu dans leur enfance des expériences faussées ou frustrantes que le désarroi actuel de leur vie sentimentale ne fait que renforcer.

Celles pour qui la frustration a le visage de l'amour

Dès la plus tendre enfance, hommes et femmes associent au mot amour des sensations et des émotions particulières. La définition de l'amour est personnelle et spécifique à chacun. Si une enfant reçoit de ses parents un amour tendre, chaleureux et consistant, le mot amour évoquera pour elle cette satisfaction qui est inscrite en elle. Ce qu'éprouve essentiellement l'enfant, c'est : « Je ressens de l'amour quand on s'occupe de moi, quand *j'ai* quelqu'un qui m'aime. »

Bien d'autres petites filles font une expérience tout à fait différente : elles vivent l'amour de leurs parents comme inconsistant, imprévisible et contingent. Ces fillettes désirent être aimées de leurs parents — elles se languissent de cet amour. Et nous l'avons dit, c'est précisément cette expérience de « manque » qui devient pour elles le concept premier de l'amour. Ce que celles-ci éprouvent, c'est schématiquement : « Je ressens de l'amour quand *j'ai besoin* qu'on m'aime. »

La femme qui a été dans l'enfance l'une de ces fillettes continuera à confondre *amour* et *manque* et, son comportement affectif s'articulant autour de cette méprise initiale, elle recherchera systématiquement la chasse, la conquête et le rejet. Cette femme ne se sent amoureuse qu'au début d'une relation, quand elle n'est pas encore certaine de l'amour de son partenaire. A peine celui-ci se déclare-t-il qu'elle s'en détache. Pour ce don Juan en jupons, l'amour n'est pas lié à la satisfaction, mais au manque — ce qui laisse présager une liste interminable et épuisante de conquêtes à venir.

Celles qui ont éternellement besoin d'approbation

Dès la petite enfance, tous les enfants ont besoin d'être valorisés et approuvés par leurs parents. Une bonne éducation encourage progressivement les enfants à penser et à juger par eux-mêmes. C'est en prenant de plus en plus confiance en leur propre perception et évaluation des choses et des événements qu'ils apprennent à s'aimer eux-mêmes et à accorder de la valeur à leur propre jugement.

Mais certains parents ne sont pas, à cet égard, de bons éducateurs, et les enfants en pâtissent. Essentiellement, le processus d'auto-estimation implique un changement progressif et un transfert de pouvoir des parents à l'enfant. « Ce que je pense n'est pas important : qu'en penses-tu, toi ? Qu'en dis-tu ? » C'est en parlant de cette façon à un enfant que celui-ci commence à être conscient de sa propre valeur, qu'il comprend que son opinion, ou ce qu'il ressent, a de l'importance.

Certains parents découragent un tel processus en donnant à penser à l'enfant que seules les pensées et les attitudes des parents sont valables. Ce genre de parents craignent peut-être, en favorisant le transfert dont nous avons parlé, d'y perdre de l'autorité et préfèrent garder l'enfant sous leur coupe en constituant pour lui sa source unique d'approbation. Il est regrettable que l'on apprenne à un enfant à dépendre des autres pour se valoriser lui-même. Les petites filles qui ont été élevées par des parents jaloux de leur pouvoir ne peuvent pas se regarder dans la glace et se dire : « Je me plais. » Des années plus tard, les femmes qu'elles seront devenues se regarderont dans leur miroir et se demanderont : « Est-ce que je vais lui plaire ? »

Cette carence narcissique entraîne une attitude de doute perpétuel sur sa propre valeur. Quand on est incapable

L'OBSESSION DE L'AMOUR

d'avoir confiance en soi, on ne peut avoir confiance en personne. Si vous ne pensez pas que vous êtes aimable, personne ne parviendra à vous persuader du contraire, peu importe le nombre de gens qui essaieront, et tout ce qu'ils feront pour vous convaincre.

C'est ce doute chronique qui entraîne le processus de répétition de la droguée de l'amour. Même si un homme lui dit qu'elle est merveilleuse et qu'il l'aime, elle ne le croit pas. Elle ne peut le croire car elle n'a jamais appris à l'éprouver du plus profond d'elle-même. Elle est condamnée à dépendre d'autrui pour avoir le sentiment d'être aimable.

Celles qui s'accrochent aux illusions

Certaines femmes ont toujours entendu dire qu'elles étaient vulnérables, souffrant d'incomplétude, et sans valeur propre en tant qu'individu. On leur a appris l'insécurité. On leur a également appris que l'homme était la solution à cette insécurité.

Vous avez peut-être déjà entendu le dicton : « Les femmes *sont*, les hommes *font*. » Trop souvent, on enseigne aux femmes que la relation signifie fusion dans le couple, que c'est chez l'homme qu'elles trouveront l'autonomie, l'action et la protection nécessaires.

Depuis quelques années, les femmes contestent vigoureusement ces affirmations. Et c'est en elles-mêmes qu'elles recherchent la confirmation de leur propre valeur. Dans son livre : *Pourquoi je crois que je ne suis rien sans un homme*, Penelope Russianoff décrit d'une manière poignante l'angoisse et le vide que les femmes ressentent souvent quand elles n'ont pas un homme qui les aime, qui s'occupe d'elles et qui les valorise.

Beaucoup de femmes ont entendu dire qu'elles avaient besoin des hommes, non parce que la vie est plus agréable avec un compagnon, mais parce qu'un homme symbolise leur valeur en tant que femmes. L'une d'elles se rappelle avec précision la réponse que sa mère lui avait faite quand elle lui avait posé une certaine question : « Ne me demande pas ça à moi, qu'est-ce que j'en sais, je suis trop bête, attends le retour de ton père, et tu lui demanderas. » Dans ses relations avec les hommes, cette femme, à cause des sentiments d'insécurité profondément ancrés en elle, croit à tort qu'un homme a seul le pouvoir de faire disparaître ces sentiments quand ils surgissent.

Cette « droguée » dans son genre est accrochée à l'illusion qu'elle trouvera l'homme parfait qui lui donnera pour toujours l'impression d'être saine et sauve. Douloureusement consciente de son insécurité profonde, elle va d'un homme à l'autre, persuadée qu'avec le temps elle trouvera le bon.

Les droguées de l'amour romanesque

Cette femme est amoureuse du romanesque, elle s'engoue de l'engouement. Chaque fois qu'elle a un amant, elle lui dit qu'elle l'aime et le croit sincèrement. Mais à l'instar du don Juan décrit plus haut, elle n'est pas vraiment éprise de l'homme lui-même mais des émotions que suscite ce nouvel amour.

Dès que les sensations fortes du début commencent à s'estomper, ce qui est inévitable quand deux amants se connaissent mieux, elle se sent moins aimée, flouée, déçue. Au lieu de considérer cela comme une étape naturelle de l'évolution de l'amour, elle se dit que quelque chose ne marche pas : soit elle doute de sa propre capacité à aimer — ce qui est tout de même très menaçant — soit elle en tient son partenaire pour responsable et lui en veut de ne pas s'être montré tel qu'il était au début.

Quand Patricia rencontra Jean, elle sut immédiatement que c'était le « bon ». Il y en avait déjà eu d'autres dans le passé, des liaisons qui avaient toutes avorté, mais avec Jean, c'était différent. Elle ne se souvenait pas d'avoir jamais éprouvé un sentiment aussi intense. Cette fois, elle était sûre que ça allait marcher. Jean savait lui donner l'impression d'être désirable et d'être une « vraie femme ».

« Il était si tendre — beaucoup plus que la plupart des hommes. Il avait de ces attentions ! Il m'apportait des fleurs, il m'écrivait même des poèmes. Je sais que ça peut paraître ridicule, mais ça me plaisait. »

Au bout de quelques mois pourtant, quand l'attrait de la nouveauté s'estompa, Patricia commença à être dévorée par le doute et par sentir poindre la déception. Une fois de plus, elle prit la fin de l'emballement du début pour la fin de l'amour.

« Je crois que dès qu'on s'est mieux connue, il s'est laissé aller. Les poèmes se firent plus rares, et au lieu d'un dîner aux chandelles avec une bonne bouteille de vin, il alla même jusqu'à proposer qu'on regarde un match de foot à la télé ! »

Les petits travers qui lui semblaient au début charmants, et même attendrissants, étaient devenus de monstrueux défauts, et son amour pour lui, lentement mais sûrement, fondit comme neige au soleil.

Quand l'amour devient obsession

Chaque fois que nous éprouvons quelque chose d'agréable, nous avons envie de l'éprouver à nouveau. Il se développe en nous une espèce de nostalgie de cet état. C'est vrai pour chacun d'entre nous. Mais si nous sommes suffisamment éclectiques dans nos goûts et dans nos plaisirs, nous ne nous fixons pas sur une seule activité. Les gens sains ont tendance à rechercher l'équilibre et la variété. D'autres font une fixation sur cette expérience particulièrement agréable et enivrante, et cherchent désespérément à la répéter. Ce besoin peut devenir si impérieux qu'il persiste en dépit des conséquences négatives qui résultent de leur satisfaction. Les droguées sont prêtes à endurer n'importe quoi pour éprouver l'état physique ou psychologique dans lequel les plonge la prise de leur drogue, quelle qu'elle soit — alcool, héroïne, hachisch, nicotine, nourriture, ou... l'amour d'un homme. Cette soif d'amour devient une véritable obsession et atteint des proportions telles que la femme qui l'éprouve a l'impression, si elle n'a pas sa dose quotidienne d'amour, que la vie ne vaut pas la peine d'être vécue et que son équilibre affectif s'en trouve perturbé.

Depuis sa plus tendre enfance, Jessica a entendu dire que les hommes avaient une importance primordiale dans la vie. On ne l'avait jamais encouragée à avoir des amies, qui, lui disait-on, étaient frivoles et ne pouvaient rien lui apporter. Elle commença à sortir avec des garçons dès l'adolescence et, chaque fois, vivait dans la terreur que ses amoureux ne la laissent tomber. Les parents de Jessica prenaient toujours le parti du garçon et faisaient littéralement passer des interrogatoires à leur fille pour savoir ce qu'elle avait « fait de mal ».

Sa mère accordait également une importance excessive à l'apparence physique de Jessica — ses vêtements, sa coiffure, sa tenue, son poids, etc.

« Tu veux avoir du succès, n'est-ce pas ? » A force d'entendre cette phrase et jamais une parole d'approbation ou un compliment, les parents de Jessica lui apprirent lentement à perdre confiance et à se soumettre à la volonté et aux demandes des hommes.

Ses parents lui avaient clairement manifesté qu'elle ne serait rien sans un homme. Jessica présente tous les symptômes de l'intoxication amoureuse et de la dépendance. Elle se sent dévalorisée et incomplète sans amoureux. Avoir besoin d'amour est normal et naturel. Se sentir nulle, désespérée et vide quand on n'en a pas ne l'est pas.

Angela, vingt-huit ans, kinésithérapeute, ne se considérait pas comme une droguée de l'amour, mais en présentait néanmoins l'un des signes certains : chaque fois qu'elle devait sortir avec une amie et qu'un homme lui proposait au dernier moment de passer la soirée avec elle, elle se décommandait auprès de son amie. Angela ne se sentait pas du tout coupable d'agir ainsi : « Tu ferais la même chose, dans mon cas, non ? » disait-elle à l'amie. Eh bien non ! son comportement n'était pas universel, et elle perdit plusieurs bonnes amies qui en eurent assez de ce manque de considération. Après que l'une d'elles eut refusé de lui adresser la parole pendant plusieurs mois, Angela confia à une autre : « Ça ne me fait pas plaisir de l'admettre, mais un rendez-vous avec un homme est plus important pour moi que n'importe quelle sortie avec une copine. C'est plus fort que moi — je ne veux pas rater une occasion d'être objet d'attention pour un homme. »

Une obsession est une habitude qui finit par influer sur l'existence quotidienne. Les droguées de l'amour sont des femmes qui se croient incapables de vivre sans la personne qui les nourrit affectivement. L'anticipation même de cette expérience tant attendue peut devenir une sorte de plaisir en soi. La droguée de l'amour devient ainsi dépendante de la « quête d'amour ». Comme si l'idée même du plaisir avait déjà le pouvoir de la satisfaire.

Brigitte, quarante et un ans, programmatrice d'ordinateurs, a de nombreuses aventures masculines. Avant chaque rendez-vous, elle perd l'appétit et prétend que c'est dû à l'émotion. Comme si le plaisir anticipé de passer une soirée avec un homme suffisait à la nourrir. Beaucoup de droguées de l'amour éprouvent cette sensation : l'anticipation du plaisir peut jouer le rôle temporaire de coupe-faim.

Au premier stade de l'intoxication amoureuse, les femmes sont convaincues que le plaisir intense qu'elles éprouvent avec les hommes est la raison pour laquelle elles persistent dans leur comportement. Mais au stade ultime, l'intoxiquée finit par admettre elle-même qu'elle est « accrochée ». Peu d'entre elles sont en réalité conscientes du manque de plaisir que leur procurent ces aventures répétées. Les « amouromaniaques » affirment qu'elles adorent la chasse à l'homme alors qu'il est évident pour leur entourage qu'elles sont bien malheureuses. La satisfaction profonde de l'intoxication à l'amour réside moins dans le plaisir éprouvé avec un homme particulier que dans celui d'échapper à la frustration et à l'angoisse quotidiennes. Les amoureuses perpétuelles sont la plupart du temps des femmes pour lesquelles le monde semble vide, morne et semé d'embûches. Nous l'avons noté, le fait de s'adonner à l'amour représente une tentative erronée pour régler les problèmes de dévalorisation, de piètre estime de soi et d'absence de réalisation personnelle. Il est évident que l'idée qu'elles se font des hommes permet aux femmes amoureuses d'éprouver un soulagement à leurs angoisses quand elles sont auprès d'eux. Mais ce « soulagement » est à la fois fugitif et illusoire et ne dure que le temps de l'engouement initial et de la promesse de satisfaction. Qu'y a-t-il de plus grisant que l'euphorie dans laquelle on se trouve quand on est amoureux ?

L'espoir d'une nouvelle histoire d'amour peut avoir des effets énergétiques. Catherine, chroniqueur judiciaire, fréquente assidûment les bars de célibataires. Elle finit invariablement la nuit chez elle avec un homme qu'elle connaît à peine. Elle cache le vague malaise qu'elle éprouve en se convainquant qu'elle se comporte en femme libérée. « C'est un jeu pour moi de décider quel mec je vais draguer pour la nuit. » Pourtant, si l'on insiste un peu, Catherine reconnaît que ses aventures nocturnes sont d'origine compulsive. Ce n'est pas tant le plaisir sexuel qu'elle recherche, nous avoue-t-elle, que l'illusion d'être attirante et de plaire. Catherine n'a rien d'une obsédée sexuelle, elle est simplement obsédée par l'amour ; sans cette activité finalement contraignante, elle se sent vide et déprimée plus souvent qu'à son tour.

Les hommes qui accumulent les aventures passagères sont considérés comme des don Juan. Mais le problème est le même chez les femmes. L'intoxication à l'amour est un moyen futile et autodestructeur de se sentir comblée, de créer l'illusion de l'amour et de la satisfaction de ses besoins affectifs.

L'OBSESSION DE L'AMOUR

Toutes les habitudes sont difficiles à rompre, surtout celles qui semblent à première vue inoffensives. Apparemment, le sort de l'intoxiquée sentimentale peut paraître enviable à ses amies car elle donne l'impression d'avoir beaucoup de succès auprès des hommes.

Il n'y a rien qui aille aussi vite que le temps (Ovide)

Lorsque Hélène, trente-huit ans, directrice de collection chez un éditeur, prit la décision de se débarrasser de son habitude néfaste, elle commença par éprouver une fantastique impression de soulagement. Toute sa vie d'adulte, de vingt et un à trente-huit ans, avait été une suite d'histoires d'amour tumultueuses, avec deux mariages-alibis qui lui donnaient des preuves évidentes de sa capacité à s'engager dans une relation et de sa stabilité émotionnelle. Hélène s'impliquait beaucoup dans son travail mais ce qui la passionnait le plus c'était ses histoires d'amour. Vivante et pleine d'esprit, elle n'avait aucun mal à plaire. Chacune de ses liaisons durait quelques mois et finissait systématiquement de la même manière : elle se lassait de son partenaire et l'amour tournait vite à l'amitié.

Hélène savait en secret qu'elle passait ses journées à rêver du dernier amant en date, qui, « lui », saurait entretenir sa flamme et son ivresse. Elle commençait à en avoir assez du sentiment d'ineptie qui l'envahissait à la fin de chaque aventure.

Ce fut donc avec un grand soupir de soulagement qu'elle décida d'arrêter le manège. Mais au bout d'un mois d'abstinence, elle s'aperçut avec horreur que la vie lui semblait maintenant insipide et vide de sens. Contrairement à ce qu'elle croyait, rien jusque-là n'avait véritablement eu l'heur de lui plaire à part la passion amoureuse. En effet, aller voir un ballet ne la tentait que si sa dernière toquade était à ses côtés. Ses amies l'ennuyaient quand elles ne parlaient pas des hommes. Elle se désintéressa même de son travail. Elle comprenait que sa profession ne lui plaisait que dans la mesure où elle pouvait en parler avec un homme.

Hélène fut atterrée de voir les puissants sentiments sous-jacents qui induisaient cette intoxication à l'amour. Mais il lui fallait à présent en tenir compte car comme beaucoup de femmes qui approchent de la quarantaine, elle prenait conscience du temps qui passe et qu'elle avait maintenant envie d'avoir des enfants.

Les femmes perçoivent le temps très différemment des hommes. Pour eux, c'est souvent la mesure par laquelle ils évaluent les progrès de leur réussite professionnelle. Les femmes aussi ; mais elles sont en outre potentiellement sensibles au tic-tac de l'horloge biologique qui leur rappelle que leur fonction reproductrice est limitée dans le temps.

Elles s'en souviennent tous les mois. Une femme d'une trentaine d'années, célibataire et sans enfants, sent si elle désire être mère l'inexorable pression du temps qui passe. Si elles ont vraiment envie de se marier et d'avoir des enfants, les femmes ont, en un certain sens, la chance d'être soumises à cette pression qui les oblige à être lucides envers elles-mêmes.

Susie avait trente-trois ans quand sa dernière liaison prit fin. Au même moment, sa meilleure amie, mariée depuis peu, lui annonça qu'elle était enceinte. La combinaison des deux événements eut sur Susie un effet profond. Elle enviait son amie et commença à se poser des questions sur sa vie amoureuse et sa façon de se comporter avec les hommes. Elle sut que si elle voulait envisager le mariage sérieusement, il lui faudrait reconsidérer toute une kyrielle d'hommes qu'elle avait jusque-là négligés.

« Ça me faisait peur, parce que je savais bien que dans le tas, il devait bien y avoir quelqu'un avec qui ça aurait pu marcher. »

Quand elle allait faire des courses, à la plage ou au parc, elle regardait maintenant les jeunes mamans accompagnées d'enfants, et non plus les hommes. Elle commença à avoir le sentiment qu'elle ratait quelque chose de bien plus important que des amours de passage et ce sentiment grandissant la rendit de plus en plus mélancolique.

Viviane, quarante-trois ans, assistante de production, avait renoncé à avoir des enfants ; elle s'inquiétait pourtant de voir fuir le temps. Elle avait eu beaucoup d'amants, mariés ou célibataires. Elle rêvait maintenant d'une vie plus équilibrée et moins agitée pour combler le manque que la réussite professionnelle ne remplissait pas.

Toutes ces femmes se sentaient harcelées par cette horloge biologique qui leur intimait de réévaluer leur mode de relation aux hommes. Elles prirent progressivement conscience qu'elles avaient cherché avant tout l'euphorie et l'ivresse que leur donnaient des amours passagères et que, ce faisant, elles n'avaient pas prêté attention aux qualités primordiales chez les hommes. Susie se souvient de son mécontentement quand une de ses amies lui dit de l'homme avec qui elle venait juste de rompre : « Tu sais, Pierre est un type très bien, mais tu n'es jamais contente. Tu recherches toujours ce que tu n'as pas. » Heureusement, Susie était assez intelligente pour comprendre qu'elle n'aurait pas été si fâchée de la remarque de son amie si celle-ci n'avait été pertinente.

Il faut se trouver d'autres sources de plaisir

A l'instar des drogués, les intoxiquées de l'amour paniquent et se sentent démunies et déprimées à l'idée de renoncer à leur passion. C'est pour cette raison que le meilleur moment pour une femme d'envisager un changement de comportement se situe au moment où elle commence à en avoir assez ou à être dégoûtée de la vie qu'elle mène. Le sevrage ne peut être effectif qu'à ce moment-là.

Plus les sources d'intérêt et de satisfaction d'une femme sont restreintes, plus grandes sont ses chances d'y être attachée. Nous le savons, les femmes ont été traditionnellement programmées pour trouver des sources d'intérêt, d'épanouissement et de valorisation personnelle dans le contexte des relations. Pour se guérir de l'intoxication amoureuse, il est nécessaire de rechercher ailleurs des occasions de plaisir et d'autres moyens de développer son identité personnelle.

Trouver un substitut à cette passion n'est pas chose facile. Quoi de plus merveilleux en effet que de tomber amoureuse — encore, encore et encore. Mais il existe d'autres expériences qui peuvent aussi être très agréables — passer plus de temps avec ses amies, par exemple. Parler d'autre chose que des hommes peut se révéler positif. Et même parler des hommes peut être amusant ...surtout si on en parle franchement.

C'est ce que Claudine a essayé de faire. Après avoir fait des hommes, pendant de nombreuses années, le centre de sa vie, elle décida de pratiquer l'abstinence pour un temps.

« J'ai découvert que je pouvais m'amuser avec des copines, même quand on se chamaillait à propos d'amoureux communs. C'était intéressant car nous étions honnêtes et nous ne nous cachions pas le fait que nous étions trop dépendantes et mal dans notre peau quand nous étions sans homme. Nous étions toutes d'avis que c'était ridicule et avons commencé à voir les choses sous un autre angle. »

Bien que Claudine eût beaucoup d'amies, elle découvrit à son grand dam qu'elle passait trop peu de temps avec elles. Elle commença à sentir l'importance de l'amitié féminine et comprit que les femmes pouvaient s'apporter beaucoup mutuellement.

Le simple fait de partager ses vues avec des personnes qui luttent contre les mêmes difficultés a un effet salutaire. C'est une façon pour une femme de prendre des distances par rapport à ses propres peurs, et de voir à quel point certains de ses comportements peuvent être autodestructeurs. L'une des principales conséquences, ô combien bénéfique, du mouvement de libération des femmes fut la découverte du sentiment de solidarité et de sororité.

Il serait peut-être bon aussi que les femmes apprennent à être sûres de ce qu'elles aiment vraiment en matière d'activités et de distractions. Elles ont souvent tendance à ne considérer certaines sorties — théâtre, concert, conférences, événements sportifs — comme ne pouvant être appréciées qu'en compagnie d'un galant.

Une femme nous décrit cette contradiction douloureuse avec une émotion poignante :

« Je trouvais que j'étais une femme plutôt intelligente. J'allais volontiers à l'Opéra, au cinéma, dans des vernissages, dans des musées et j'adorais les bons restaurants. Ce n'est qu'après avoir réfléchi sur moi-même que j'ai compris que toutes ces activités, je ne pouvais jamais les pratiquer seule, mais toujours accompagnée d'un homme. Cela faisait des années que je n'étais pas entrée seule dans un cinéma ou dans un restaurant. J'ai dû littéralement me forcer pour le faire. Je ne me souviens pas m'être jamais sentie aussi mal à l'aise. J'avais l'impression que tout le monde m'observait, et pourtant je savais qu'il n'en était rien. »

Bien que certaines femmes pensent encore que la profession et la carrière ne sont valables que pour les femmes célibataires et sans enfants, la réalisation professionnelle peut être une importante source de plaisir et de gratification. Personne n'éprouve de satisfaction profonde sans s'impliquer à fond dans une activité qui nécessite soit la créativité, soit des compétences et un savoir-faire, soit un accomplissement de soi, quel qu'il soit. Par « à fond » nous voulons dire qu'il ne s'agit pas d'un travail en amateur ou d'un violon d'Ingres. Cela ne signifie pas non plus que cette activité doive être rémunératrice ou approuvée par les amies. Cela signifie qu'une femme a besoin de s'y investir avec enthousiasme. En atteignant le but qu'elle s'est fixé, elle connaîtra le plaisir d'avoir réalisé personnellement quelque chose, d'avoir fait des progrès dans un certain domaine, ce qui est en soi une grande récompense. Il faut également envisager l'éventualité d'un échec, mais c'est seulement quand nous sommes confrontés à l'échec éventuel que nous savons que nous prenons des risques et que nous progressons.

Briser les habitudes peut être passionnant

Rien n'est probablement plus difficile à un adulte que de changer. Beaucoup d'entre nous sont insatisfaits et désirent transformer un aspect ou un autre de notre vie, mais bien peu réalisent cet objectif. Pourquoi ? Parce que tout changement implique une volonté d'affronter l'inconnu et que l'inconnu est toujours effrayant. Il est plus facile de s'en tenir à ce qui nous est familier et de « se sentir » en sécurité. Le changement nécessite également d'adopter des nouveaux modes de comportement, ce qui, au début, n'est pas facile. Ce n'est que lorsque l'on a vraiment peur ou que l'on est dégoûté de son propre comportement que l'on rassemble assez d'énergie et de motivations pour franchir les difficultés du cap initial.

Evelyne approchait de la quarantaine lorsqu'elle commença à souffrir réellement de sa dépendance à l'amour. A trois reprises, depuis l'âge de vingt-quatre ans, elle avait été en psychothérapie pendant un an. Elle nous explique :

« Je croyais sincèrement que je faisais un travail dans ce sens, je vous assure ! J'avais l'impression d'avoir fait beaucoup de progrès et je voulais vraiment cesser de draguer. Je n'en pouvais plus du sentiment de panique qui me poussait à m'accrocher à quelqu'un. Ce n'est que maintenant que je comprends à quel point je me leurrais.

« La psychothérapie représentait pour moi une autre espèce de jeu. Après chaque rupture, j'allais trouver un psychothérapeute (un homme évidemment) et nous cherchions ensemble ce que j'étais sans compagnon. Je me croyais sincère, mais je reconnais aujourd'hui que je ne l'étais pas. Ça me rappelait l'attitude que j'avais quand je décidais d'arrêter de fumer — parler c'est facile, mais agir, c'est bien autre chose ! »

Le moyen efficace pour changer, c'est de prendre plaisir au processus même de la transformation. En d'autres termes, plutôt que considérer le changement comme un moyen, essayer de voir le *processus* de changement comme un nouveau défi. Bien que cela ne soit jamais facile, on peut y voir un obstacle à surmonter, ce qui peut être stimulant, et finalement gratifiant. Le moyen de rendre ce changement intéressant et moins ardu est de considérer la vie comme un grand jeu de rôles, et le changement simplement comme un truc, une manœuvre pour passer d'un rôle à un autre.

Mercedes, trente-quatre ans, agent de voyage, avait beaucoup de mal à se débarrasser de sa sujétion destructrice jusqu'à ce qu'elle rencontre un thérapeute qui lui interdise absolument de parler des hommes pendant les séances. Elle ne devait évoquer que les expériences, autres qu'amoureuses, qu'elle avait trouvées plaisantes et agréables. Elle dut rechercher des activités et des plaisirs qui ne nécessitaient pas une présence masculine.

Au début, Mercedes résista à cette tactique. Mais peu à peu, elle se mit à redécouvrir le plaisir d'aller visiter un musée, de réapprendre à se tenir sur des patins à glace, de s'entraîner pour une course de vélo, de faire des randonnées pédestres avec un club, de passer du temps avec des amies, etc., tout ce qu'elle avait négligé quand elle était seulement « branchée » sur les hommes.

La plus grande des récompenses est évidemment l'élimination de la souffrance. Les droguées de l'amour, comme nous l'avons dit, ont tendance à ignorer la souffrance qu'engendre leur comportement autodestructeur et sont seulement obnubilées par le plaisir immédiat qu'elles en retirent : le « grand frisson », le « nirvāna »... Pour se transformer, elles doivent d'abord prendre conscience des effets destructeurs de leur comportement. Elles doivent ensuite décider de renoncer au plaisir immédiat pour tendre vers un autre, plus durable —

celui d'avoir enfin mis un terme à un comportement névrotique répétitif, ô combien frustrant.

Les satisfactions éprouvées alors — en détermination, réappropriation et maîtrise de soi — peuvent constituer un soutien merveilleux.

Le changement conduit à une nouvelle et plus positive définition de soi et au sentiment grandissant de contrôler sa vie. Plus une femme s'aime et se respecte, moins elle est poussée à rechercher son accomplissement et sa plénitude au travers d'un homme.

Le but ultime de la cure de désintoxication est de développer l'acceptation et l'estime de soi. Nous méritons tous de croire que nous sommes des gens valables, tels que nous sommes — avec ou sans partenaire amoureux, mariés ou célibataires.

10.

RENONCER AUX ESPÉRANCES

Les espérances ne sont pas des prédictions mais des sentiments qui font entrevoir comme probable la réalisation de ce que l'on désire. Nous avons tous des espérances ; elles découlent naturellement de notre éducation, du rôle que nous avons à tenir, et surtout de nos besoins personnels. Si nous obtenons d'une relation ce que nous en avions espéré, il n'y a généralement pas de problème. Malheureusement, cela n'arrive pas très souvent car il existe la plupart du temps un écart important entre ce que nous attendions et ce que nous vivons — nous espérons une chose et en obtenons une autre. Lorsqu'il s'agit de relations humaines, les espérances, quelles qu'elles soient, sont virtuellement sources de problèmes, car le fait qu'elles ne soient pas comblées entraîne un sentiment de déception. De nos jours, à une époque de transformation sociale et de nouvelle définition des rôles sexuels, les espérances placées dans les relations hommes/femmes sont particulièrement délicates.

Attentes sous-jacentes

Il est huit heures du soir ; vous mettez une dernière touche à votre maquillage. Vous avez attendu ce moment toute la semaine. Une de vos amies vous a organisé cette soirée avec un garçon qui, paraît-il, est formidable. Cela fait un bout de temps que vous n'avez pas été aussi émoustillée par la perspective d'une rencontre, mais celui-là a vraiment l'air.. spécial... il semble différent des autres. On sonne à la porte. Vous respirez profondément, vous essayez de vous calmer et de prendre un air dégagé, et... vous allez ouvrir.

Dès les premières secondes, vous allez tous deux recevoir de l'autre une multitude de messages qui vous donneront une impression première. Impression qui vient d'une attirance ou d'une aversion physique. A mesure que progressera la soirée, viendront s'ajouter d'autres impressions, et l'image de votre interlocuteur deviendra de plus en plus complexe. Nous voulons tous donner une bonne image de nous : nous avons envie qu'on nous trouve séduisants, intelligents, sympathiques. Mais au-delà de ces préoccupations normales et légitimes, des attentes et des désirs sous-jacents induisent nos pensées conscientes. Des espérances sur le genre de personne que nous aimerions rencontrer, sur le genre de vie que nous aimerions partager avec cette personne. Nous fantasmons sur l'amour, l'épanouissement, l'extase, l'aventure. Ces profonds désirs sont comme des compagnons qui suivent dans l'ombre une femme arrivant à un rendez-vous, et dont le chevalier servant sent tout de même inconsciemment la présence.

Il peut arriver qu'une femme se sente vaguement mal à l'aise avec un homme qu'elle vient de rencontrer, même si, en apparence, tout semble se passer très bien. La cause est souvent imputable à une diversité de besoins et d'attentes qui ne sont pas clairement perçus. Cette femme a peut-être des désirs qu'elle se dissimule à elle-même.

Claire, vingt-neuf ans, cadre de banque, décrit les transformations qui se sont opérées en elle récemment, et qui ont influencé sa façon d'être avec les hommes.

« Pendant très longtemps mes relations amoureuses ne duraient pas au-delà d'une ou deux semaines. J'ai compris que j'étais trop impatiente et que je voulais que les choses aillent trop vite. Je ne sais pas quelle est l'origine des fantas-

RENONCER AUX ESPÉRANCES

mes imbéciles que j'avais dans la tête : je me faisais d'avance tout un cinéma sur ce que devait être le comportement d'un homme et sur la façon dont la relation devait se dérouler. Quand le scénario était différent du mien, j'essayais de forcer les choses, ce qui menait inévitablement au fiasco.

« Je priais tous les jours pour être débarrassée de cette terrible obsession romanesque. Pour finir, j'en ai eu tellement marre de me sentir perpétuellement frustrée que j'ai décidé de changer ce comportement que je savais inepte. Dès lors, quand je me trouvais avec un homme dont je venais de faire la connaissance, je faisais des efforts pour savoir qui il était, au lieu de me fixer sur ce que j'aurais voulu qu'il fût. Le résultat fut surprenant : j'éprouvais plus de plaisir à la fréquentation des messieurs que jamais encore auparavant ! »

Beaucoup d'hommes perçoivent ce qu'une femme attend d'eux et ce qu'elle éprouve à leur sujet même si ce n'est pas formulé. En fait, les espérances non exprimées ont un effet encore plus puissant.

Jim, un agent immobilier de trente-neuf ans, nous dit avec tristesse son intention de rompre avec une femme charmante et séduisante qu'il fréquente depuis quelques semaines. Il croyait que sa décision était due au malaise qu'il éprouvait généralement en compagnie de femmes, mais il découvrit au cours d'une séance que c'était son amie qui était responsable de sa peur de s'engager.

Virginie, agent de change d'une trentaine d'années, essayait de lui remonter le moral chaque fois qu'il était déprimé ou contrarié par son travail. Au lieu de le laisser exprimer son découragement, elle l'interrompait pour lui dire qu'il était génial, que les choses s'arrangeraient, qu'il « se sortirait du pétrin » etc. Alors qu'elle parlait ainsi pour l'aider, ses encouragements avaient sur Jim un effet inhibiteur. Il devenait de plus en plus frustré. Quand il essaya de l'expliquer à Virginie, elle reconnut que le voir dans un état d'insécurité la plongeait elle-même dans l'angoisse. Elle ne savait pas comment répondre au profond malaise de son ami. La seule chose qu'elle voulait, c'était faire disparaître cette angoisse qui lui faisait ressentir sa propre insécurité. Cette femme désirait profondément un homme fort et sûr de lui. Jim aurait aimé être ce genre d'homme, et il en possédait les qualités virtuelles. Mais pour être à l'aise avec une femme, il avait besoin d'exprimer les sentiments de doute et d'insécurité qui le taraudaient parfois sans crainte d'être jugé.

Les femmes n'expriment pas forcément leurs espérances avec des mots. Le langage du corps manifeste souvent ce que nous désirons ou redoutons. Notre façon de marcher, de bouger, de parler, de toucher, de faire le premier pas, etc., est tout à fait révélatrice.

Alex est un avocat d'une trentaine d'années, récemment divorcé. Son ex-épouse était froide avec lui et il se sentait rejeté à maints égards. Ce rejet était en partie dû au fait qu'Alex avait négligé sa femme pendant qu'il faisait ses études de droit et qu'elle lui en avait tenu rigueur. Alex commençait à peine à sortir avec d'autres femmes quand il rencontra Jeannie, qui lui plut immédiatement. C'était un plaisir de bavarder avec elle et d'emblée, ils se sentirent bien ensemble.

A leur troisième rendez-vous, elle l'invita chez elle et ils flirtèrent longuement sur le canapé du salon. Au moment de faire l'amour, Jeannie se montra soudain d'une réserve qui frisait la frigidité. Attitude qui lui rappelait les amours de lycée, quand les filles « sages » devaient cacher leur désir derrière une pudeur feinte qui était supposée notifier que le sexe ne les intéressait absolument pas.

Alex essaya de se persuader qu'elle était seulement timide et nerveuse, mais le regard fuyant de Jeannie et son manque d'ardeur le refroidirent terriblement. En y repensant, il comprit qu'il avait toujours fait le premier geste ; elle attendait de lui qu'il prenne la direction des opérations dans tous les domaines. Bien que cette idée ne le gênât point vraiment, il trouvait redoutable la passivité excessive de cette jeune femme. La plupart des hommes aiment prendre les initiatives en amour, mais la passivité exagérée d'une femme est sans attrait car elle s'associe dans l'esprit des hommes au manque d'intérêt ou de désir. Les hommes ne sont pas différents des femmes : ils ont besoin d'être désirés.

Le vœu non exprimé de relations stables affecte également leur comportement. Beaucoup de femmes croient qu'ils répugnent fondamentalement à s'engager dans des relations amoureuses durables ou dans le mariage. Or, la plupart des célibataires recherchent justement une femme avec laquelle vivre et se marier. Et c'est ce qu'ils font. Quand les hommes tombent amoureux, ils tombent vite et fort, et souvent de la première femme qui leur inspire une grande confiance.

Jeanette, assistante sociale de quarante et un ans, est persuadée que les hommes redoutent plus que tout l'intimité avec une femme, et elle ne se départit jamais de cette conviction, qui transparaît chaque fois qu'elle se trouve en compagnie masculine. Les hommes avec qui elle sort perçoivent autant ses espérances amoureuses que l'amertume et le cynisme qui les accompagnent. De tels sentiments contradictoires sont très déroutants car ils sont plus une réaction à l'espèce mâle dans son ensemble qu'à un individu donné. L'avidité affective et la rancune de Jeanette sont tellement entremêlées que les hommes qu'elle rencontre ne peuvent que confirmer ses sombres prédictions.

La plupart des femmes âgées de vingt-cinq à quarante-cinq ans ont un pied dans le terreau des rôles traditionnels et tâtent avec précaution, de l'autre, les nouveaux territoires. Ce qui donne naissance à une série de sentiments aussi déconcertants que contradictoires. Ces femmes recherchent l'oiseau rare qui soit à la fois fort et vulnérable, communicatif et réservé, sensible et agressif, et bien entendu, protecteur. Si les hommes parés de toutes ces qualités étaient légion, ce serait merveilleux ! Malheureusement, ce n'est pas le cas. Cruel paradoxe : la plupart des hommes vulnérables, communicatifs et sensibles ne sont généralement pas considérés par les dames comme des êtres forts, fonceurs, qui seraient seulement un peu réservés.

Confrontés aux messages brouillés qu'ils reçoivent des femmes, les hommes deviennent anxieux, indécis, et même méfiants : ils ne savent plus à quel saint se vouer et se tiennent sur la défensive. Un de nos patients nous parle de la jeune femme qu'il fréquente :

« Je ne sais pas ce qu'elle attend de moi. Elle dit qu'elle veut tout savoir de ce que je pense. Pourtant, un jour, je lui ai confié que je doutais parfois de moi et j'ai soudain eu l'impression de vivre un cauchemar : à l'expression de son visage, j'ai tout de suite vu que j'avais baissé dans son estime. »

Beaucoup de femmes, même économiquement indépendantes, attendent de trouver un homme qui les prendra en charge matériellement. Roger affirme : « Plus une femme réussit sur le plan professionnel, plus elle attend le prince charmant. »

Roger est un médecin de quarante-trois ans. Il fréquentait une femme qui avait un poste de vice-présidente du service de marketing dans une firme très importante. Il la trouvait brillante, fonceuse, et était très épris, jusqu'à ce qu'ils décident de partir en vacances ensemble à Tahiti. Leurs revenus étaient à peu près identiques, mais son amie fut très surprise qu'il ne lui propose pas de lui offrir son billet. Elle avait bien entendu les moyens de le payer elle-même, mais trouvait que ce n'était pas convenable. Elle se sentait moins « femme » et trouvait Roger moins « viril ». Elle savait bien que ce n'était pas très logique, mais c'était pourtant ce qu'elle ressentait.

Les femmes sont généralement gênées d'éprouver de tels sentiments, qui vont à l'encontre de leur croyance en l'égalité des sexes. Elles pensent « égalité », mais surgissant du fin fond du passé, une force inconsciente et archaïque les pousse, dans le même temps, à ressentir autre chose. Et peu importe la diligence dont une femme fait preuve pour nier ou cacher

ses secrètes espérances, celles-ci trouvent toujours le moyen de s'exprimer d'une façon ou d'une autre.
Le désir secret d'être dominée peut également gâcher une relation. Beaucoup de femmes qui se donnent bien du mal pour faire ce que bon leur semble sont effarées quand elles obtiennent satisfaction. Laure, quarante-deux ans, antiquaire très cotée, fréquente actuellement Mick, un garçon charmant qui réussit très bien comme expert-comptable. C'est Laure qui décide généralement de leurs sorties, et les amis qu'ils voient ensemble sont surtout les siens. Mick se soumet volontiers à ses suggestions, croyant sincèrement faire plaisir à sa compagne. Laure est tellement sûre de l'amour de Mick qu'elle est certaine que rien de ce qu'elle peut dire ou faire ne risque de détruire leur relation. Au lieu de s'en réjouir et de se sentir en sécurité, elle s'ennuie et trouve cela monotone. Elle pense que Mick manque de caractère. Elle ne peut faire confiance à un homme qui plie aussi facilement devant ses désirs. Elle veut un « jules » fort, puissant, et qui mène la barque. Pourtant, elle reste tout de même avec Mick, et celui-ci, qui la sent insatisfaite, souffre de sa mésestime et éprouve à son égard une rancœur grandissante.

Les attentes cachées diminuent l'ardeur, altèrent la sincérité et empêchent les gens d'être libres et naturels entre eux. Elles étouffent la spontanéité nécessaire à toute relation.

Attentes contre intimité

Julie, quarante-trois ans, directrice d'une fondation, est divorcée depuis quatre ans. Après son divorce elle passait beaucoup de son temps avec ses amies. Les hommes qu'elle rencontrait ne semblaient jamais lui apporter la chaleur que lui donnaient ses amitiés féminines et elle ne sentait aucune affinité profonde avec eux. Elle les écartait les uns après les autres. Son ex-mari était un médecin passionné par son travail, et elle pensait que tous les hommes étaient comme lui, « qu'ils ne s'intéressaient qu'au boulot et aux sports ».

Une de ses amies lui reprochant un jour son attitude, Julie se rendit compte qu'elle enfermait les hommes dans des catégories et qu'elle-même n'avait pas évolué dans ses attentes. Après avoir pris conscience de son comportement autodestructeur, elle essaya de se montrer plus ouverte et plus spontanée avec eux. Elle fut surprise de voir que son changement d'attitude avait un effet bénéfique, et que les messieurs, se sentant plus à l'aise et plus détendus, devenaient beaucoup plus communicatifs avec elle.

Les hommes et les femmes traversent une période de transition ; ils abandonnent les rôles sexuels traditionnels pour en expérimenter de nouveaux, ce qui a pour conséquence de susciter des attentes ambiguës et confuses. Cela est regrettable car plus il y a de fausses espérances, moins la relation a de chances de se développer.

Pour favoriser l'épanouissement d'une relation, il est nécessaire que les partenaires soient ouverts et authentiques — pas de masques et le moins de barrières possible. Lorsqu'une personne agit sous l'impulsion d'attentes préconçues, l'expression personnelle est réduite et la possibilité d'intimité réelle sérieusement limitée.

Les célibataires se plaignent, entre autres, du caractère prévisible des premiers rendez-vous. « Il n'y a plus rien de spontané. » Ils nous expliquent que les prémices, les sujets de conversation, même les plaisanteries qui s'échangent dans les bars de célibataires et autres endroits de prédilection pour personnes seules en mal d'âme sœur sont ennuyeux et convenus. Le problème véritable est que les gens ont peur de se laisser aller et d'être eux-mêmes. Dans un autre environnement plus propice, ils se montreraient plus ouverts et seraient même peut-être plus intéressants.

Les hommes et les femmes qui se plaignent le plus veulent peut-être aussi voir la réalisation de leurs « prophéties », tant il est vrai que si l'on s'attend à rencontrer l'ennui, il sera à

RENONCER AUX ESPÉRANCES

coup sûr au rendez-vous. La femme adopte peut-être une attitude d'observatrice distante et l'homme se cantonne donc dans les banalités de la conversation. Ni l'un ni l'autre ne font d'efforts et ne permettent que quelque chose de nouveau ou d'inattendu survienne. Plus un homme et une femme seront eux-mêmes, plus ils seront susceptibles de sortir des sentiers battus.

Prendre conscience des aspirations cachées

Le désir de transformer quelqu'un pour qu'il soit plus conforme à notre attente est aussi vain que répandu. Il n'y a pas de couples parfaits, et pour aussi difficile que cela puisse parfois sembler, il est plus aisé de trouver quelqu'un qui nous plaise et que l'on respecte que de jouer les Pygmalion.

Adrienne, trente-sept ans, représentante, nous confie :

« J'ai tout de même fini par comprendre. J'ai appris à m'accommoder des petits travers ; mais s'il y a chez un homme des choses que je déteste et qui font que je ne peux pas le respecter, je le laisse tomber. Dans le temps, j'étais toujours attirée par des types qui avaient des problèmes, de gros problèmes. Cela aurait pu me rebuter, pas du tout ! Je me souviens que j'étais persuadée que mon amour allait les aider à s'en sortir. Eh bien, je n'ai jamais transformé personne, et je sais maintenant que ce n'est pas en mon pouvoir. Je vis actuellement avec un homme qui me plaît vraiment. Oh, il a son caractère, bien sûr, mais je lui fiche la paix. Et finalement je me sens plus libre depuis que je n'essaye plus de changer les autres. »

Certaines femmes préfèrent adopter une attitude passive et nourrir des illusions plutôt que d'affronter la dure et froide réalité. Elles se lient avec un homme dans l'espoir qu'il changera un jour, ou pire, qu'*elles le changeront*. De toute évidence, ces besoins masqués empêcheront la communication directe. Le seul moyen de clarifier les choses est de se parler franchement. Mais il faut reconnaître que ce n'est pas si facile : cela nécessite des efforts et une certaine pratique. La femme doit dire à son compagnon ce qu'elle attend de lui. Quant à l'homme, il doit lui faire savoir s'il veut, ou s'il peut, lui donner satisfaction.

Sans le savoir, Melissa voulait que ce soit l'homme qui prenne les décisions dans le couple. Elle voulait en même temps qu'il la respecte et soit attentif à ses désirs. Quand elle et Charles décidèrent de prendre un appartement ensemble, ils commencèrent à se quereller pour des riens. Charles la consultait chaque fois qu'il y avait une décision à prendre. Elle avait des idées, mais voulait que ce soit lui qui ait le dernier mot. En partie parce que c'était lui qui tenait les cordons de la bourse, mais aussi parce qu'elle désirait secrètement un compagnon plus paternel et plus autoritaire.

Un jour qu'elle racontait leurs constantes querelles à une de ses amies, celle-ci lui fit remarquer qu'en fait, elle détestait prendre des décisions, et qu'elle ferait mieux d'en parler à Charles. Melissa répondit que si elle lui disait la vérité, il accepterait de prendre la direction des opérations pour lui être agréable mais pas parce qu'il était vraiment fort. Son amie répliqua alors que si Charles tenait à lui faire plaisir, c'est qu'il l'aimait, pas qu'il était faible.

Les femmes s'interdisent parfois de formuler leurs désirs parce qu'elles croient, à tort, que si leur compagnon les aimait vraiment, il devinerait leurs secrètes aspirations. Elles craignent peut-être aussi qu'il s'applique à satisfaire leurs désirs, mais à contrecœur.

Elles redoutent également que leur compagnon n'ait pas envie, ou ne soit pas capable de satisfaire leur attente. C'est un risque à prendre. Elles recevront peut-être plus qu'elles ne le pensaient. Ou bien, elles comprendront qu'elles n'ont pas la moindre chance de voir leurs besoins satisfaits, et décideront alors de mettre un terme à leur relation. De toute façon, elles sauront au moins ce qu'elles peuvent attendre. Et la réalité est finalement plus satisfaisante que les illusions.

RENONCER AUX ESPÉRANCES

Certaines femmes recourent à des amies ou amis qui les connaissent bien, et qui sont objectifs, pour parler de leurs désirs insatisfaits. Et bien sûr, si une femme vit depuis longtemps avec un homme, il est bon qu'elle en parle directement à son compagnon. Beaucoup de femmes s'y refusent, mais elles ont tort. C'est difficile, mais quelle économie de temps et d'énergie, sans parler des chagrins à s'épargner ! La découverte des comportements et des désirs cachés qui font fuir les hommes ouvre des perspectives car elle libère la femme et l'homme avec qui elle vit, ou désire vivre. Ils peuvent alors se connaître mieux et se montrer plus naturels.

Toutes les espérances ne sont pas néfastes

Évidemment, attendre quelque chose de l'autre n'est pas forcément nocif à une relation. Certaines espérances sont positives et peuvent améliorer les sentiments d'harmonie et d'intimité qu'une femme éprouve avec un homme.

Elles dépendent considérablement de la façon dont nous nous voyons et nous apprécions. Si nous avons une piètre opinion de nous-mêmes, nos espérances prennent systématiquement un tour négatif. Si nous nous estimons, nos aspirations sont tout à fait autres : nous désirons ce que nous croyons mériter, et de ce fait, obtenons ce que nous désirons.

Il est primordial, pour établir une bonne relation, de croire en sa propre valeur et de présumer que l'homme que l'on a devant soi verra et appréciera qui l'on est.

Une femme qui s'attend à ce que les hommes soient insensibles, peu affectueux et déloyaux tombe généralement sur des individus qui ont en effet ce profil. Une femme qui s'attend à ce qu'ils soient sensibles et, jusqu'à preuve du contraire, dignes de confiance, et qui espère qu'un homme voudra l'aimer et vivre avec elle, a des chances que cela arrive. Ce n'est pas un hasard. Les espérances positives valo-

COMMENT FAIRE LE BON CHOIX

risent les hommes en leur donnant le sentiment qu'ils ont en eux les possibilités de les satisfaire. Ils y trouvent un modèle de comportement et essayent d'être à la hauteur. Si une femme attend d'un homme qu'il se montre sensible et gentil, qu'il la respecte et ne trahisse pas sa confiance, si elle attend de lui qu'il soit bon et affectueux — il y aura plus de chances pour qu'il corresponde à ses désirs.

11.

LE DIAMANT BRUT

Le début de la soirée avait été catastrophique. Il avait trébuché en apportant les apéritifs, renversé de la soupe au potiron sur sa cravate, et maintenant la sueur perlait sur son front dégarni. Quant à la dame, elle examinait ses ongles avec attention, maudissant « la bonne copine » qui les avait présentés l'un à l'autre. Quand la montre de Fred sonna, tous deux bondirent de soulagement. La rencontre était un fiasco total. Fred fit alors une chose intelligente. Il demanda à sa cavalière de l'accompagner pendant qu'il faisait sa visite. Fred est un des rares pédiatres qui fait encore des visites à domicile. Ce que la jeune femme découvrit ce soir-là, elle n'aurait jamais pu le découvrir en dînant avec lui tous les soirs pendant un mois dans des restaurants à lumière tamisée.

Le contraste était spectaculaire. Cet homme qui ne savait pas quoi commander pendant le dîner était maintenant sûr de lui en présence de son jeune patient. Il l'examina en le rassurant et le cajolant. Ce fut un moment bouleversant car l'enfant souffrait beaucoup. La compagne de Fred se mit à le regarder peu à peu d'un œil différent. Au restaurant, elle s'était convaincue que Fred était un perdant — physique quelconque, pas d'allure, terriblement timide et anxieux. Bien que son amie lui eût recommandé de prendre le temps de mieux le connaître, elle s'était dit qu'elle ne le reverrait plus. Avant la sonnerie de la montre, elle essayait d'imaginer un stratagème pour qu'il la raccompagne directement chez elle après le dîner.

Après la visite, ils allèrent prendre un verre dans un bar ouvert toute la nuit. Ce qu'elle avait vu pendant la visite lui permit de s'intéresser au travail de Fred, de lui poser des questions sur les petits malades dont il s'occupait et sur les raisons qui le poussaient à soigner les gens. Le fait que Fred fût balourd et maladroit au premier abord n'avait désormais plus d'importance.

Il y a beaucoup d'hommes qui ne collent pas à l'image « d'homme idéal » que se font certaines femmes : ils ont peut-être des défauts de comportement évidents et se montrent très maladroits au début d'une relation. Ils n'ont peut-être pas le « look » qu'il faut, ils ne brillent pas dans la conversation, et pis encore, ils sont peut-être trop disponibles, trop ardents. Mais ces hommes possèdent souvent de grandes qualités. Ce sont de véritables Diamants Bruts.

Dany, trente-six ans, est acheteuse pour un grand magasin. C'est une belle brune, sportive, très entreprenante. Elle pense qu'elle mérite un homme formidable, et elle a raison. Une de ses amies lui a présenté Robert.

« Lorsque j'ai déjeuné avec Louise, je lui ai dit que je n'avais pas l'intention de revoir Robert, bien qu'il se fût à nouveau manifesté. Je ne sais plus quel prétexte bidon j'ai inventé pour ne pas lui faire de la peine, sachant que c'était un de ses amis. Mais elle n'a pas été dupe et m'a rivé mon clou. Elle m'a dit des choses que je n'ignorais pas vraiment mais que personne n'avait encore exprimées en ces termes. " Je sais très bien pourquoi tu ne veux pas revoir Robert, tu ne le juges pas assez bien pour toi. Toi, tu veux un beau garçon, sûr de lui, beau parleur, et qui te tienne la dragée haute. Eh bien laisse-moi te dire ce que je pense. C'est vrai que Robert est un peu timide au début, mais dès qu'on commence à le connaître, c'est le type le plus brillant et le plus drôle que j'aie jamais vu. Ce n'est certainement pas Rambo mais il est chaleureux, intéressant, et il a envie d'avoir une relation profonde avec une femme. Il n'a pas peur de s'engager. Tout ce que je peux te dire, c'est que tu lâches la proie pour l'ombre. Tous les types qui t'attirent finissent toujours par te décevoir au bout d'un moment. Robert, c'est exactement le contraire. Plus on le connaît, plus on l'apprécie. " »

Il y a des hommes qui, au début, ne font jamais bonne impression. Certains d'entre eux s'en fichent éperdument. Christian en est un exemple flagrant.

A première vue, on le prendrait pour un plouc — il a l'accent traînant, les cheveux trop longs et des vêtements démodés. Il est grand, brun, mais il a l'air d'un rustre. On lui dit toujours qu'il fait « ringard », mais il s'en fiche comme de sa première culotte. Il ne tient pas à être « dans le coup ». C'est d'ailleurs l'une de ses qualités.

Il est avocat dans un cabinet où évoluent des jeunes loups dynamiques, frimeurs et branchés. Christian n'est pas celui qui a le plus de clients, mais certainement celui qui garde les siens. C'est un brillant avocat de barreau qui sait convaincre les jurés. Dans la vie privée, c'est un type loyal, fidèle et patient — qualités merveilleuses chez un chien mais pas tellement appréciées chez l'« homme idéal », du moins par la plupart des femmes.

Christian est tellement bien dans sa peau qu'il ne se soucie guère des apparences, ce qui diminue certainement ses chances de séduire. La femme qui finalement a fait l'effort de regarder au-delà a découvert un véritable diamant. Elle a découvert que Christian était assez solide pour supporter la plupart de ses défauts, pas parce qu'il est faible et dépendant, mais parce qu'il est fondamentalement solide et tolérant. Cette force qu'elle trouvait au début un peu ennuyeuse lui paraît aujourd'hui essentielle.

Il y a beaucoup d'hommes — et de femmes bien entendu — qui ne se livrent pas d'emblée. Il faut du temps pour les connaître. Ce sont généralement des personnes qui ont fait dans le passé l'expérience douloureuse du rejet — sous une forme ou une autre ; ayant été échaudés, ils sont très, très prudents. Une femme intelligente devrait essayer de savoir ce que cache cette maladresse dont tant d'hommes font preuve.

« Je ne dirais pas que Michel était ennuyeux, mais il avait l'air tellement conservateur ! » dit Andréa en se renversant sur son siège. Trente-deux ans, blonde, jolie, elle travaille pour la municipalité et elle est l'assistante d'une conseillère municipale. Comme elle avait toujours eu un penchant pour les hommes politiques qui passaient invariablement devant elle pour franchir une porte, elle avait eu besoin de changement.

« Michel n'était pas du tout mon genre, poursuit-elle. Il n'est pas gros, mais il a un visage poupin de bébé bien nourri... » Andréa a toujours aimé les hommes grands et minces. « C'est d'ailleurs vrai qu'il est bien nourri. Il fait merveilleusement bien la cuisine, comme tout le reste ! J'ai l'impression qu'il a été un enfant assez quelconque qui a essayé de compenser un physique banal.

« Vous savez, c'est un battant. Il veut réussir à tout prix ; et il réussit parce qu'il s'accroche. C'est un brillant programmateur en informatique et il joue aussi du piano. C'est aussi un excellent photographe. Pas de frime chez lui, rien que du solide !

« Au début je ne saisissais pas très bien pourquoi il se sentait mal à l'aise en public, mais j'ai vite compris qu'il avait besoin de se sentir accepté pour être détendu. C'est tout le contraire des hommes que j'ai connus jusqu'ici. Eux, quand ils s'ouvrent, il n'y a rien à l'intérieur. Dieu merci, ce n'est pas le cas de Michel ! »

Brent est presque le sosie de Woody Allen : mêmes lunettes, même gaucherie, même accent new-yorkais. Il a grandi à Brooklyn, et tout le temps qu'il était au lycée, il a beaucoup souffert de ne pas être beau, grand et musclé. Mais il savait merveilleusement bien écouter. Il était le confident de toutes les jolies filles et de toutes les majorettes. N'étant pas consi-

LE DIAMANT BRUT

déré comme « dangereux », il en savait plus sur elles que n'importe quel autre garçon. Toutes l'adoraient et bien qu'il fût leur « meilleur ami », aucune n'aurait songé à Brent comme « petit ami »
Cela continua à l'âge adulte. Brent était un ami très agréable et beaucoup de femmes recherchaient sa compagnie. Il se montrait attentif, discret, affectueux et gentil, mais ne déclenchait apparemment aucune passion chez les dames. Il y avait toujours des femmes autour de lui, mais des amies, pas des amantes.

Diane était au bord du désespoir quand elle téléphona à Brent. Son fils de quatre ans avait une forte fièvre et commençait à délirer. Le message qu'elle avait laissé sur le répondeur de son médecin était resté sans suite et son petit ami qu'elle avait appelé s'était contenté de lui tenir de vagues propos rassurants. Seule pour élever son fils, personne avec qui partager ses soucis, elle était prompte à s'inquiéter, peut-être un peu trop.

Quand elle décida d'emmener Tony au service des urgences de l'hôpital, tout se passa mal. Sa voiture n'avait plus d'essence, et son petit ami, à qui elle téléphona à nouveau, lui répondit avec brusquerie qu'elle exagérait, qu'elle était trop mère poule, et trop exigeante. C'est alors qu'elle eut l'idée d'appeler Brent. Ils travaillaient ensemble depuis un an. Ils étaient bons amis et elle l'aimait beaucoup, encore qu'elle n'eût jamais songé à en faire son amant.

Quand Brent entendit sa voix angoissée au bout du fil, il lui dit qu'il arrivait tout de suite. C'est lui qui transporta le petit garçon fiévreux à l'hôpital. Les médecins rassurèrent Diane et lui affirmèrent qu'il ne s'agissait que d'une grippe. Ils lui donnèrent les instructions pour le soigner et la renvoyèrent chez elle.

Diane éprouva alors quelque chose de nouveau pour Brent. Bien qu'il ne fût pas son « type », elle se sentit très attirée par lui. Elle apprécia la façon dont il se comportait avec Tony et la sympathie qu'il lui manifestait. Elle admira sa façon de

173

s'impliquer tout en restant calme et maître de soi. Elle se sentit sécurisée en sa présence comme cela ne lui était encore jamais arrivé auparavant. Brent et Diane devinrent amants, et un peu plus tard, très attachés l'un à l'autre.

La plupart du temps, nous nous forgeons rapidement une opinion sur les gens, surtout lorsqu'il s'agit de savoir si nous sommes ou non attirés par eux. Nous avons tendance à nous fier à notre première impression qui est fondée sur l'image que nous percevons et qui nous est transmise par le langage du corps. C'est alors que tout se joue et que nous éliminons ceux qui ne déclenchent pas la fameuse et éphémère « étincelle ». Ceux qui en revanche passent ce premier examen ont le droit de se présenter à l'oral : nous leur parlons et attendons de voir ce qui se passe.

Lorsque nous rencontrons quelqu'un pour la première fois, notre conversation révèle davantage notre aisance à parler avec les étrangers que ce que nous sommes vraiment. Beaucoup de partenaires amoureux possibles, qui ont passé avec succès le test numéro un, rateront le second s'ils ne parviennent pas à nous intéresser ou à piquer notre curiosité. Et malheureusement, les hommes les plus valables ne font pas partie de ceux qui font de l'effet pendant les cinq premières minutes fatidiques.

Nous émettons tous des jugements trop hâtifs, et il y a une raison à cela. Nous nous entraînons à être de plus en plus efficaces et à utiliser de moins en moins d'informations pour prendre des décisions. Cette efficacité joue en notre faveur dans la plupart des domaines, sauf lorsqu'il s'agit de se choisir une ou un partenaire éventuel.

Les femmes doivent bien entendu faire confiance à leur intuition, mais elles devraient aussi tenir compte du fait que les hommes les plus profonds, les plus sincères et sensibles ne sont pas toujours ceux qui font d'emblée la meilleure impression. Ils sont souvent ignorés ou laissés pour compte — pas pour ce qu'ils sont, mais pour ce qu'ils ne sont pas lors de la première rencontre. Certaines femmes prennent des décisions à une vitesse effarante à partir de données aussi superficielles qu'incomplètes.

Bien qu'il ne soit pas parfait (personne ne l'est), cet homme de prime abord peu amène est plus intéressant qu'il n'y paraît. Il ne faut pas se fier aux apparences ; sous une enveloppe rébarbative se cache souvent un être qui possède de grandes qualités. Mais souvent, les femmes ne vont pas au-delà de la façade.

Rachel, trente et un ans, secrétaire juridique, a failli laisser passer sa chance. Elle s'attachait en vain à des hommes insaisissables qui lui paraissaient fascinants et se plaignait sans arrêt de ses déboires à René, un jeune avocat qui ne cessait de lui répéter qu'elle méritait mieux. Ils dînaient ensemble de temps en temps, mais elle ne le considérait pas autrement que comme un bon copain. Un jour, elle le vit plaisanter avec l'une de ses collègues et se rendit compte que ses sentiments pour lui étaient beaucoup plus profonds qu'elle ne le pensait. Ils commencèrent à se fréquenter « en amoureux » et se marièrent un an plus tard. Rachel reconnaît qu'elle a trouvé la perle rare. Si elle n'avait pas travaillé avec lui, elle ne l'aurait peut-être jamais découvert, car d'ordinaire, elle n'était jamais attirée par des hommes comme René.

En fait le Diamant Brut, est un homme assez particulier. Il a développé des qualités et une personnalité plus solides que brillantes. S'il paraît moins entreprenant et plus sensible que d'autres, c'est peut-être qu'il est moins hardi et moins sur la défensive aussi, et qu'il est plus authentique. C'est le genre d'hommes dont vous pourriez dire : « Avec lui, je me sens bien, je me sens en sécurité, mais... je ne sais pas... ce n'est pas exaltant. » Ce que certaines femmes ne comprennent pas, c'est que ce qu'elles nomment « exaltation » n'est en réalité rien d'autre qu'un état d'incertitude et d'anxiété, et qu'elles sont dans cet état parce qu'elles ne savent pas si l'homme qu'elles croient aimer tient ou non à elles. Qu'y a-t-il de si formidable à se sentir anxieuse ? Et quel mal y a-t-il à se sentir à l'aise et en sécurité avec un homme ? Après tout, c'est sur ces sentiments-là que peut s'établir une relation stable et harmonieuse.

Il arrive souvent que les femmes négligent les Diamants Bruts car elles ne font pas la différence entre la gentillesse et la faiblesse. Ce sont des hommes qui ne jouent pas les « durs » et qui tardent à prendre des décisions. Ils ne font pas de cinéma comme tant d'autres, et sont souvent plus sensibles et attentionnés. N'oubliez pas que leur façon d'être est dictée non par la faiblesse mais au contraire par le sentiment qu'ils ont de leur propre force. Ces hommes sont bien dans leur peau ; ils doivent suivre leur propre rythme, si vous les poussez à changer, cela peut se révéler désastreux.

Carine, quarante-deux ans, est avocate dans un important cabinet de Los Angeles. Elle a été mariée et divorcée deux fois. Herbert, son premier mari, était étudiant quand ils se sont connus. Tous deux faisaient leurs études à la faculté de droit. Herbert avait de grandes ambitions mais passait plus de temps dans des manifestations pacifiques qu'à sa table d'études. Carine le considérait comme un don Quichotte qui avait besoin d'un Sancho Pança pour affronter les difficultés matérielles de la vie. Pendant qu'il militait pour une cause ou une autre, elle prenait des notes pour lui pendant les cours et l'aidait à préparer ses examens.

Ils se marièrent au cours de la deuxième année de faculté, et il vint s'installer chez elle. Après les examens de fin d'études, Carine fut reçue au barreau et obtint un poste d'avocate dans un cabinet important. Herbert rata l'examen et accepta un job alimentaire : secrétaire du fondé de pouvoir d'un dispensaire. Carine prit de plus en plus de responsabilités et son ressentiment envers son mari s'en accrut au fur et à mesure. Il n'avait pas la moindre envie de potasser pour repasser l'examen du barreau ni de se chercher un travail bien rémunéré, ce qu'aurait voulu Carine.

Elle aimait la générosité de son mari et respectait son dévouement à ses idéaux, mais elle lui reprochait de manquer d'initiative. Après des années de disputes, Carine demanda le divorce.

Herbert a peut-être l'air d'un perdant, mais attendez la suite. Après le divorce, libéré des pressions et des contraintes que Carine faisait peser sur lui, il accéda enfin à la maturité. Il devint consultant d'affaires et réussit très bien dans cette branche. Il s'est remarié depuis et est très heureux. La leçon à tirer de cette histoire ? Herbert était un Diamant Brut qui avait besoin de temps pour se trouver et suivre la voie qui était la sienne.

Le masque de la timidité

L'une des raisons qui font que les femmes peuvent ne pas reconnaître le Diamant Brut, c'est que sa valeur est souvent cachée sous une épaisse couche de timidité. Le « craignos » au bureau, le type odieux dans les bars de célibataires et le voisin de palier apparemment distant sont peut-être des hommes solides et intelligents que leur timidité pousse à adopter ces masques. Les femmes ont tendance à oublier que les hommes, eux aussi, ont des « moi » secrets qu'ils ne montrent pas d'emblée. Ils peuvent aussi préférer ne dévoiler au début que certains aspects de leur personnalité.

Prenons l'exemple de Simon, médecin divorcé de quarante-trois ans. C'est ce qu'on peut appeler un « bon parti » ; pourtant il a tendance à se montrer odieux la première fois qu'il sort avec une dame, et ce, parce qu'il ne se sent pas à l'aise. Il aligne rodomontades et vantardises — il parle de son argent, de ses biens, de ses vacances, etc. Les femmes le trouvent insupportable. Elles ne devinent pas que sous les apparences, Simon est terriblement timide et peu sûr de lui. Il ressemble à l'élève qui fait toujours le clown en classe et qui cache son besoin d'approbation et sa timidité par une conduite agressive et effrontée. Ce type d'homme s'engage assez facilement. Et lorsqu'il le fait, c'est un compagnon confiant et aimant.

« Mais je ne veux pas d'un homme aussi timide ! Je ne suis déjà pas tellement sûre de moi — je n'ai aucune envie de soutenir quelqu'un d'autre. Je veux quelqu'un qui ait confiance en lui et qui soit bien dans sa peau. » Voilà ce que l'on entend souvent ; pourtant, n'oubliez pas que les hommes qui sont passionnants au premier abord canalisent souvent leur énergie pour peaufiner leur image et non pour développer des qualités profondes.

Parce que les hommes sensibles sont aussi vulnérables et fragiles que les femmes, ils préfèrent ne pas se livrer immédiatement. Ils ont besoin de se sentir en confiance avant de se laisser aller à être eux-mêmes. La plupart des femmes sont conscientes de leur vulnérabilité et savent ce qui ébranle leur sentiment de sécurité mais elles prêtent aux hommes des sentiments différents. Elles n'imaginent pas qu'ils puissent eux aussi éprouver les mêmes choses. Certaines détestent même envisager cette possiblité ! Beaucoup croient que tous les hommes sont naturellement et facilement extravertis et agressifs. C'est faux. Certains ont besoin pour s'épanouir et révéler « la face cachée de la lune » de se sentir en confiance, acceptés et soutenus.

André, quarante-six ans, est physicien et adore son métier. Il est d'une timidité maladive, surtout avec les femmes. Ellen, professeur dans un lycée, avait passé quelques soirées avec lui mais commençait à s'ennuyer en sa compagnie. Au lieu de mettre un terme à leur relation naissante, elle décida de sortir quelque chose de cet énergumène. Elle se piqua au jeu et se montra légère et pétillante, drôle et spontanée, ce qui eut pour effet immédiat de transformer notre ours qui se révéla soudain chaleureux et plein d'esprit. Ellen avait été l'étincelle, et le feu « avait pris ». Ils se voient de plus en plus, et sont très heureux ensemble.

Pour chaque femme qui, jeune fille, passait des heures à attendre auprès du téléphone un coup de fil de son amoureux,

LE DIAMANT BRUT

il y a un homme qui, plus jeune, ne parvenait pas à former de ses doigts tremblants le numéro de téléphone de sa dulcinée. La tradition voulait que ce fût l'homme qui fît les premiers pas. Ces premiers pas sont les plus difficiles car ils sont la preuve de l'intérêt et de l'attirance que l'on éprouve pour quelqu'un ; or celui qui prend l'initiative encourt toujours une rebuffade éventuelle.

Les hommes qui ont le plus facilement vaincu cette peur du rejet, qui leur vient de l'adolescence, sont les moins conscients de leurs propres sentiments et... de ceux des autres. Aussi bien, ces êtres lumineux et fascinants, parés de tous les talents, risquent-ils d'être plus simples, moins sensibles et moins aimants que ceux qui ont l'air plus effacé.

Avant de pouvoir apprécier le Diamant Brut, une femme doit examiner de plus près les critères selon lesquels elle juge les hommes. Elle doit se débarrasser de certains préjugés aussi désuets qu'inutiles, celui, par exemple, qui lui fait confondre gentillesse et faiblesse. Elle devrait peut-être aussi donner la priorité à certaines qualités masculines susceptibles de combler ses besoins profonds de sécurité, de solidité, de bien-être et d'engagement.

Il est intéressant de noter que lorsqu'on demande aux femmes ce qui les attire chez un homme, elles parlent souvent de fascination ou de courant électrique. Mais quand on leur demande ce qui leur semble important dans une relation, toutes, sans exception, parlent d'intimité et de tendresse. Elles savent donc que c'est essentiel pour qu'une relation soit durable. Pourtant, elles ont tendance à l'oublier, surtout au début, quand elles se lancent la tête la première dans une aventure amoureuse, sans prendre le temps de faire connaissance avec la personne qu'elles viennent de rencontrer.

Prenez le risque : regardez une deuxième et même une troisième fois l'homme que vous êtes tentée de laisser filer. Essayez de passer un peu de temps avec lui en gardant l'esprit libre de toute attente. Vous éprouverez peut-être du plaisir à ne pas vous sentir troublée et anxieuse. Il vous sera peut-être agréable d'être à l'aise et décontractée. Écoutez-le parler de lui s'il en a envie, tout comme vous le faites vous-même quand vous vous sentez bien. Vous découvrirez peut-être, à votre grande surprise, que cet homme est loin de vous déplaire.

Réinvestir dans des relations durables

Les conseils que nous vous donnons ici sont dictés par l'évolution que nous avons observée chez les femmes d'aujourd'hui. Il semble évident qu'elles recherchent maintenant des hommes qui possèdent des qualités solides, et qu'elles recommencent à vouloir investir dans des valeurs stables, celles qui font les relations durables.

Les bouleversements récents de la société ont encouragé les femmes à se définir autrement et à vivre au maximum de leurs potentialités. Pour poursuivre leur carrière et se réaliser pleinement, beaucoup ont négligé l'importance des relations et, ce faisant, ont écarté des hommes valables. Peut-être parce que ce genre d'hommes ne symbolisait pas pour elles le summum de la réalisation personnelle. Elles leur préféraient peut-être des hommes plus artificiels mais qui leur paraissaient plus stimulants et plus valorisants.

A présent, beaucoup de femmes ont le sentiment qu'une carrière sans relation affective ne peut être pleinement satisfaisante. Elles éprouvent une impression de vide et d'inutilité. Aussi peut-on constater un retour vers une recherche d'équilibre qui tient compte des besoins personnels. La fascination et le « courant électrique » sont des ingrédients merveilleux pour une aventure, mais les femmes désirent maintenant des relations plus profondes avec les hommes, et elles ont envie de se marier et d'avoir des enfants.

Cesser de s'intéresser seulement à sa propre réalisation pour envisager de fonder un foyer nécessite une réorganisation de ses valeurs et de ses critères de sélection. Pour vivre une vie de couple et fonder une famille, les femmes commencent à rechercher des hommes solides, dignes de confiance, sur qui elles pourront compter.

La femme évoluée qui se plaignait toujours de tomber sur des « sales types » regarde maintenant les hommes autrement, et s'intéresse à d'autres individus. Parmi celles qui liront ces lignes, il s'en trouvera peut-être qui penseront que la femme dont nous parlons est tout simplement désespérée et qu'elle est prête à faire des compromis pour échapper aux longues soirées solitaires qui s'annoncent. Rien n'est plus éloigné de la vérité. Nous ne nous référons pas aux malheureuses qui sont prêtes à accepter des « bas morceaux » ou de la « marchandise de deuxième choix », mais à des femmes qui découvrent dans les hommes des qualités qui, jusqu'ici, ne les avaient pas intéressées. Lorsqu'on leur parle de leur nouvelle attitude et qu'on leur suggère qu'elles renoncent à quelque chose d'important, elles vous rétorquent qu'elles ont simplement évolué et qu'elles sont moins idiotes. Elles jugent les hommes selon d'autres critères et à un autre niveau. L'éventail du choix est plus large, ce qui est passionnant. Sortir enfin des limites étroites et rigides dans lesquelles elles évoluaient mentalement pour choisir leurs amants est une expérience libératrice.

Noëlle, qui approche de la quarantaine, a eu de nombreuses aventures dont la plupart se sont terminées piteusement et douloureusement. « J'ai compris qu'il me fallait avoir une autre attitude. J'ai découvert qu'en étant moins impatiente et en donnant une chance à mon compagnon, j'éprouve des sentiments qui m'étaient jusqu'ici inconnus. Ce n'est plus le coup de foudre, ni le coup au cœur, ni la décharge électrique, ni la magie, mais c'est mieux que tout ça. Je ne sais pas si c'est parce que j'en avais vraiment marre de toutes ces aventures, mais en tout cas je me sens mieux maintenant, et je suis pleine d'espoir. »

Nous pensons que beaucoup de femmes adoptent et continueront d'adopter l'attitude de Noëlle. Nous sommes en outre persuadés que si elles essayent sincèrement d'imiter Noëlle, elles pourront établir avec les hommes un type de relation qui se révélera à coup sûr beaucoup plus satisfaisant.

12.

UNE AUTRE FÉMINITÉ

Certaines femmes semblent toujours « réussir » avec les hommes. Il y a chez elles un magnétisme et une séduction qui ont le pouvoir d'hypnotiser les messieurs. De quoi sont faits ce magnétisme et cette séduction ? De leur aptitude à être à la fois fortes et tendres, déterminées et généreuses. Ces femmes rejettent les stéréotypes étroits de la pseudo-féminité. Elles n'ont pas la moindre intention de renoncer à l'un ou à l'autre aspect de leur personnalité. Pour elles, permettre aux forces dites mâles et femelles d'atteindre leur pleine expression représente l'équilibre magique qui crée une espèce de « synergie » : une énergie plus puissante que la somme de ces deux forces réunies.

De nos jours, les femmes cherchent une nouvelle définition de la « féminité » qui tende vers cet équilibre décrit plus haut. Nous rencontrerons de plus en plus de femmes évoluées qui réexaminent l'aspect fondamental de leur identité. Elles se demandent : « Si je suis forte, pleinement épanouie intellectuellement, si je ne cherche pas à dissimuler ma personnalité devant les hommes, puis-je encore être une femme " désirable " ? » Cette question est cruciale, aussi bien pour les femmes que pour les hommes. Nous voulons tous être appréciés et considérés par les personnes du sexe opposé sans avoir à censurer ou réduire certains aspects de notre nature auxquels nous tenons.

COMMENT FAIRE LE BON CHOIX

Il nous semble bon qu'hommes et femmes se sentent concernés par ce désir de plaire à l'autre sexe, et cherchent à savoir ce qui est, ou paraît, séduisant. Nous pensons même qu'il est important de reconnaître que les critères de séduction sont toujours partiellement définis par le sexe opposé. Nous avons besoin de nous attirer mutuellement — c'est un impératif biologique. Comme l'a noté Carol Gillian : l'attirance et la rencontre jouant pour les femmes un rôle essentiel dans le commerce amoureux, rien de plus naturel qu'elles tiennent compte de ce qui attire les hommes. Le problème est de le faire sans pour autant sacrifier son énergie ni entamer d'aucune sorte l'intégrité d'une personnalité accomplie.

Que signifie féminité ? Traditionnellement, le terme évoquait passivité, faiblesse, délicatesse et faux airs de petite fille. Une « vraie femme » donnait de l'importance aux apparences et à la présentation ; elle devait être réservée, coquette, mutine, futile, et... coquine. Aujourd'hui, la féminité est uniquement une caractéristique de l'être humain femelle ou féminin. Elle se réfère non seulement aux qualités que l'on a tendance à attribuer aux femmes plus qu'aux hommes — tendresse, sensibilité, désir de materner — mais également à des comportements généralement décrits comme masculins — force, puissance et agressivité. Cette définition nouvelle de la féminité est revendiquée par un nombre croissant de femmes. Des femmes qui découvrent qu'être forte et sûre de soi n'empêche pas de se sentir féminine, au contraire. Elles découvrent également que l'expression d'une puissante personnalité ne leur enlève en aucune sorte la capacité d'être tendres et aimantes.

La magie de la force et de la tendresse

Notre personnalité à tous présente des aspects féminins et masculins. C'est une façon courante d'interpréter les traits de caractère. Le concept oriental du Yin et du Yang — princi-

UNE AUTRE FÉMINITÉ

pes féminin et masculin qui forment un tout en se complétant — en sont un exemple. Le psychanalyste Carl Gustav Jung évoquait l'*anima* et l'*animus* en parlant des traits féminins et masculins qui se combinent en chacun de nous.

Comme nous l'avons déjà indiqué, les concepts de féminité et de virilité sont, depuis quelques années, la cible de nombreuses attaques, et ce, à juste titre. L'aspect restrictif des rôles sexuels et des comportements acquis a été destructeur aussi bien pour les femmes que pour les hommes. Les manifestations d'assurance étaient souvent systématiquement découragées chez les fillettes et chez les femmes, tout comme l'était, chez les garçons et les hommes, l'expression de la tendresse et de la vulnérabilité. Loin de se sentir à l'aise dans le carcan rigide de l'identité sexuelle, bon nombre d'entre nous le trouvaient contraignant. Les femmes et les hommes voulaient échapper aux diktats des rôles sexuels considérés comme convenables et appropriés et qui n'étaient en fait que camisoles de force destinées à empêcher l'éclosion et l'expression de nos possibilités.

Pour les femmes, le problème était en partie dû au fait que les pressions auxquelles elles étaient soumises, non seulement les submergeaient d'interdits mais leur soufflaient également comment se comporter. Ces interdits nuisaient énormément aux femmes. Personne — homme ou femme — ne peut accepter qu'une partie intégrante de sa personnalité soit supprimée, étouffée ou contaminée par la culpabilité ou la honte. Il est aussi fondamentalement naturel et sain pour les femmes d'exprimer leur force et leur énergie que pour les hommes d'exprimer la tendresse. Notre expérience nous a appris que les femmes qui développent les relations les plus vivantes, intéressantes et satisfaisantes, sont celles qui ont été habituées à exprimer tous les aspects de leur personnalité. Elles se permettent d'être tendres, affectueuses, et « sexy » aussi bien que déterminées, fortes et fonceuses.

Le bruit court encore chez les femmes que ce sont les coquettes, les allumeuses ou les femmes-esclaves qui ont le plus de succès auprès des hommes. Cela n'est pas vrai du tout. Il est possible qu'une attitude d'odalisque puisse être alléchante, au début, mais c'est un hameçon qui ne tient pas longtemps. Il faut bien autre chose pour retenir un homme : quelque chose de plus intense, de plus essentiel, de plus puissant.

Ce qui attire le plus un homme chez une femme, c'est le mélange magique et savamment équilibré de la force authentique et de la tendresse. Beaucoup de femmes ont longtemps ressenti la nécessité de dissimuler la force qu'elles avaient en elles de peur que les hommes se sentent menacés, qu'ils les trouvent trop hardies et ne les repoussent. Fort heureusement, elles ont fini par se dire « Tant pis, advienne que pourra ! » et ont décidé de s'exprimer librement et de s'épanouir en dépit de ce que les hommes risquaient de penser.

En se libérant des comportements sexuels stéréotypés et contraignants, en jouissant davantage de leur corps et de leurs muscles, beaucoup de femmes prirent de plus en plus conscience de leur désir de donner et de materner. Mais au lieu de considérer ces merveilleuses qualités comme un atout, elles les tinrent souvent pour une faiblesse.

Ce en quoi elles avaient absolument tort. Ces qualités chez une femme n'ont jamais été associées à l'idée de faiblesse. La force, la détermination et la maîtrise de soi peuvent être acquises sans renoncer à la tendresse et au besoin d'affection. La coexistence est possible. C'est précisément la combinaison de toutes ces qualités qui attire et attache le plus les hommes.

Il y a des femmes qui ont toujours su comment rendre les hommes amoureux d'elles. Elles le savent depuis qu'elles sont petites. Elles le savent intuitivement, mais ce n'est pas inscrit dans leurs gènes : c'est le résultat d'observations fines et d'une bonne utilisation de ces observations. Ces femmes aiment être femmes et elles aiment les hommes. Elles ne sont gênées ni par leur force ni par leur sensualité. Elles connaissent le pouvoir de la tendresse et ne craignent pas de la manifester.

UNE AUTRE FÉMINITÉ

Qu'éprouvent les hommes auprès de telles femmes ? De quoi donc est fait ce pouvoir de séduction ? Voici quelques confidences que nous avons entendues :

« Ma femme est aussi ma meilleure amie. C'est vraiment avec elle que je préfère partir en voyage ou aller au cinéma... Elle a toujours été la meilleure et la plus loyale compagne qui soit... »

« C'est plus facile de se confier à une femme qu'à un homme. Je ne sais pas si c'est parce qu'elles sont plus compréhensives ou parce que je me sens simplement plus à l'aise avec elles. »

« J'aime les femmes tendres, mais je n'aime pas qu'elles soient dociles. J'aime qu'une femme ait le courage de me tenir tête et la sagesse d'être douce et aimante. »

« Je suis amoureux de Cathy parce qu'elle est indépendante professionnellement et qu'elle est aussi très tendre avec moi. J'ai l'impression d'être comblé. Elle comprend ce que c'est d'être angoissé par le boulot, même si je suis généralement confiant dans ce domaine. »

« Ce qui me séduit le plus, c'est une femme intelligente et qui le sait. On ne s'ennuie pas avec elle. J'aime l'entendre me parler de son travail à la fin de la journée. Il n'y a rien de plus ennuyeux que d'être le seul à parler. J'en ai assez de m'écouter soliloquer. »

« Les femmes les plus attachantes sont celles qui sont à la fois intelligentes et pleines d'humour. Avec le sens de l'humour on peut affronter n'importe quel ennui. »

« J'en veux aux femmes qui pensent que les hommes n'aiment que les idiotes, les poupées, qui n'ont rien dans le crâne. Rien n'est plus déprimant que de rentrer le soir à la maison et de ne pouvoir parler à sa compagne de ce qui nous est arrivé dans la journée ou de ce qui se passe dans le monde. J'ai besoin de relations intellectuelles avec les femmes que je fréquente, autant qu'avec mes amis. »

« Même si elles me font tourner en bourrique, j'adore les femmes qui sont un défi permanent, qui sont spirituelles et même un peu agressives. Elles sortent ce qu'il y a de meilleur en moi. Je ne m'ennuie jamais en leur compagnie car je reste toujours un peu sur mes gardes. Je me sens " accroché ", j'ai l'impression de vivre ; j'adore le persiflage et l'imprévu, mais pas tout le temps. »

Les femmes de tête qui savent aussi se montrer tendres plaisent énormément aux hommes. Ils se sentent rassurés auprès d'elles et leur sont reconnaissants de les avoir choisis pour compagnons.

Ils sont captivés par leur chaleur et leur générosité.

Avoir le courage de s'exprimer

Pour une femme, exprimer sa force, ou sa tendresse, peut devenir source d'angoisse. Des recherches ont révélé que certaines femmes sont odieuses dès qu'elles se sentent fortes, sûres d'elles ou ambitieuses car elles craignent que cela ne rebute les hommes. D'autres ont peur de manifester leur tendresse car elles pensent que c'est dangereux pour elles. En s'exposant, elles sont plus vulnérables et risquent de souffrir plus facilement. Nous avons découvert que les femmes qui ne sont pas vraiment et profondément sûres de leur propre force, redoutent, si elles se laissent aller à la douceur, de tomber dans le piège de la soumission. Exprimer sa force ou sa tendresse demande beaucoup de courage. Changer est souvent difficile car il faut pour ce faire abandonner ses défenses.

Le seul moyen d'effectuer un amalgame heureux des forces féminines et masculines constituant la personnalité est d'être conscient des conflits qui peuvent exister en soi.

Posez-vous les questions suivantes et cherchez à y répondre honnêtement :

> Est-ce le rejet que je crains, si je me montre forte ?
> Dans quelle mesure ai-je peur que ma force ait un impact sur mes relations avec les hommes ?

UNE AUTRE FÉMINITÉ

Est-ce que l'idée de déplaire à un homme, parce que je lui parais trop forte, me met hors de moi ?
Suis-je gênée de manifester librement ma tendresse à un homme ?
Ai-je l'impression, si je me montre maternante et affectueuse, que mon partenaire prendra ça comme un dû, ou pire, en tirera avantage ?

Les réponses à ces questions devraient révéler celles de vos qualités qui s'expriment plus facilement que d'autres. A l'évidence ces « autres qualités » sont très importantes aussi, et il serait bon que vous essayiez de les développer. C'est un processus qui nécessite une curiosité réelle ainsi que le désir de savoir véritablement quelle sera la réaction de vos partenaires devant la manifestation de certains traits de votre caractère sans redouter ses réactions. Essayer de se comporter différemment n'est jamais facile au début, mais peut le devenir avec de l'entraînement. C'est une attitude gratifiante à maints égards. Vous assisterez à la libération de toutes les énergies positives que vous avez en vous : passion, force, intelligence, affection, chaleur et sympathie. Qualités qui vous permettront d'établir de nouvelles et plus riches relations avec les hommes.

Le sentiment de ne plus « être soi-même » en agissant ainsi peut être un handicap à un changement de comportement. Tant que vous serez persuadée de cela, les choses resteront telles quelles. Nous connaissons tous le processus qui consiste à retourner mentalement en arrière et à revivre plus librement certaines situations où nous nous sommes comportés maladroitement. C'est ce qu'on appelle « visualisation » en psychothérapie. Nous ne pouvons agir d'une certaine façon que si nous sommes persuadés d'en être capable et de pouvoir le faire. A l'instar des athlètes qui répètent mentalement le geste qui leur permettra de battre un record, imaginez-vous en train de changer d'attitude.

Quand vous rencontrez un homme, faites appel à une

image mentale. Imaginez-vous dans une soirée avec lui, ou à votre premier rendez-vous. Soyez créative et précise : plantez le décor et l'homme dedans. Prenez conscience de la chaleur et de la sensibilité qui sont en vous, et que vous cherchez parfois à étouffer de crainte de vous sentir vulnérable. Soyez consciente de votre pouvoir, et n'ayez pas peur de vous sentir forte. Imaginez-vous en train de vous comporter d'une façon qui ne vous est pas naturelle. Et souvenez-vous : si vous n'êtes pas capable de vous imaginer en train de faire quelque chose, vous ne pourrez jamais faire cette chose. Faire surgir et visualiser une autre image de soi est le premier pas vers un changement réel.

Un deuxième facteur essentiel à tout processus d'apprentissage est la répétition. Si vous voulez adopter un nouveau style de comportement, faites-en l'expérience. La première fois, vous aurez l'impression d'être empruntée et gauche. Mais ne désespérez pas, c'est comme la première fois qu'on sert une balle de tennis ou qu'on apprend un pas de danse. N'oubliez pas que la fonction crée l'organe. Après un certain entraînement, on devient plus souple et plus naturel. La pratique diminue l'anxiété. Les nouveaux comportements doivent être pratiqués longuement avant de faire partie intégrante de notre personnalité.

Surmonter sa timidité

La timidité est commune à beaucoup d'entre nous, mais elle paralyse en particulier les célibataires. Les femmes qui semblent être à l'aise avec les hommes ne sont pas moins timides que les autres, elles ont simplement pris la décision de ne pas laisser la timidité dominer leur vie.

Lorsque l'on est intimidé, on éprouve un douloureux malaise. On a l'impression d'être le point de mire et que tout le monde nous juge et nous regarde d'un œil critique. Pour remédier à cela imaginez que les flèches d'énergie que vous croyez pointées vers vous se retournent vers ceux qui vous les envoient. Quand vous arrivez dans un endroit où il y a beaucoup de monde, prenez une profonde inspiration et regardez les gens droit dans les yeux. Certaines personnes détourneront la tête, car elles sont timides elles aussi, mais les autres soutiendront votre regard car vous les intéresserez. Vous leur apparaîtrez comme une femme qui a confiance en elle, et, ce qui est le plus important, vous commencerez vous aussi à vous sentir plus sûre de vous et plus forte.

Parler aux hommes

La façon dont les femmes parlent aux hommes est extrêmement importante et révélatrice. Nous l'avons noté dans un chapitre précédent, certaines femmes changent subrepticement d'attitude dès qu'un homme entre dans une pièce où elles sont en train de bavarder avec une amie. Il y a une modification non seulement dans leur façon de se tenir mais aussi de parler. Ces transformations ne sont pas nécessaires, elles sont le résultat d'idées fausses et d'habitudes acquises. Elles ont pour origine les comportements niais et embarrassés qu'adoptent les adolescentes dès qu'il y a des garçons dans les parages. Elles sont dues à l'idée que se font les femmes de ce qui plaît aux hommes.

Apprendre à exprimer sa véritable personnalité inclut l'apprentissage d'une nouvelle façon d'aborder les hommes : agissez avec autant de spontanéité et de naturel que vous le faites avec vos amies. Les hommes adorent les femmes capables de se montrer détendues et naturelles avec eux. Ayez le courage de croire que ce que vous pensez, ce que vous sentez, est intéressant pour un homme. Que votre opinion compte pour lui. Une femme qui a confiance en elle et qui s'estime met les hommes à leur aise et leur permet bien souvent de se montrer *à leur tour* tels qu'ils sont, sans élever de barrières de défense.

La prochaine fois que vous vous trouvez en présence d'un monsieur, imaginez simplement (sans changer de comportement pour autant) ce que vous auriez dit ou fait si au lieu d'un homme, c'était une femme que vous aviez en face de vous. Vous serez surprise de voir à quel point vous évitez certains sujets de conversation et à quel point vous muselez votre spontanéité et vous vous empêchez de dire ce que vous pensez.

Vous pourrez aussi prendre conscience de votre tendance à censurer, ou altérer, ce qui peut être révélateur et, plus important encore, ce que vous cherchez à *ne pas révéler*. Si une femme s'exprime sans contrainte, ses relations avec les hommes, même les plus superficielles, s'en trouveront transformées d'une manière significative et positive.

13.

CE QUE SAVENT
LES FEMMES INTELLIGENTES

Il existe des femmes intelligentes qui savent se comporter intelligemment avec les hommes. Après avoir vu les diverses croyances et espérances qu'il convient de réexaminer si les femmes veulent diminuer leurs risques d'échec en amour, étudions maintenant les comportements de celles qui nous paraissent faire de « bons choix ».

Le plaisir désuet de se faire courtiser

Certaines attitudes de séduction inconscientes trouvent leur origine dans des années et même des siècles de conditionnement. Que ces comportements soient innés ou non, une chose est claire : mâles et femelles appartenant à toutes les espèces vivantes se sont toujours pourchassés en vue de l'accouplement, et souvent selon un rituel de séduction. Prenons l'exemple de l'Égypte ancienne, où selon certaines théories la véritable fonction du maquillage des femmes était de captiver les hommes : le fard autour des yeux devant donner l'illusion de la pupille dilatée, et le carmin des lèvres celle d'une rougeur spontanée — deux phénomènes provoqués par l'émoi sexuel.

Nombres de comportements et de rituels de séduction ont

résisté au temps. Les manières de faire sont peut-être aujourd'hui différentes et l'approche plus sophistiquée, il n'en reste pas moins que le rituel de séduction est toujours aussi primitif et de caractère émotionnel.

Les femmes intelligentes en sont conscientes. Celles qui savent séduire l'homme qu'elles désirent n'ignorent aucun moyen de séduction, les plus archaïques soient-ils. Elles éprouvent au contraire du plaisir à les utiliser et prennent une part active au rituel amoureux auquel elles ajoutent leur touche personnelle. La femme intelligente voit les relations amoureuses comme une espèce d'aventure.

La question que nos patientes nous posent le plus souvent est : « Comment apprendre à flirter ? » Cela peut vous paraître idiot, mais ça ne l'est pas, et les femmes qui nous la posent ne sont absolument pas idiotes non plus. Elles veulent savoir pourquoi certaines femmes ont tant de succès auprès des hommes. A l'évidence, il ne nous appartient pas de donner des conseils pour séduire les messieurs, ce qui serait d'ailleurs totalement inutile tant il est vrai que l'essence même du flirt est l'expression d'une disposition. Les femmes qui considèrent le badinage et le marivaudage comme un plaisir en soi communiquent facilement leur humeur ludique et leur entrain aux hommes qu'elles rencontrent.

Janice, vingt-neuf ans, femme d'affaires, nous confie :

« J'étais toujours anxieuse quand je sortais avec un homme. Il m'arrivait souvent de rester avec un type qui ne m'intéressait plus et qui ne me convenait pas pour ne pas avoir à me retrouver seule de nouveau. Alors que dans le travail je me montrais entreprenante et déterminée, j'avais la hantise de rencontrer des gens nouveaux.

« Et un jour, j'ai compris un truc formidable qui m'a débarrassée de cette hantise ; ce que je prenais pour de l'anxiété n'était en fait que de la surexcitation. Maintenant, ça me fait plaisir de faire de nouvelles connaissances et je trouve très agréables les prémices et les jeux tacites qui accompagnent la rencontre avec un homme qui me plaît. »

Quand le rituel de séduction est considéré comme une aventure, les tendances autodestructrices diminuent.

Les hommes et les femmes d'aujourd'hui sont persuadés, à tort, qu'on devrait les accepter d'emblée tels qu'ils sont et qu'ils doivent se montrer intraitables et intransigeants. Cette rigidité empêche naturellement que se produise l'alchimie essentielle au commerce amoureux. Ce que l'on nomme alchimie est précisément le processus qui fait que deux êtres qui se connaissent à peine sont sur la « même longueur d'onde ». Or cela ne peut arriver que si ces personnes ont un tant soit peu le goût du risque et qu'elles ne se montrent pas collet monté.

Noémie, trente-quatre ans, monteuse de cinéma, nous dit : « J'ai cessé d'être sur la défensive avec les hommes. Avant quand je sortais pour la première fois avec un type, j'arrivais toutes griffes dehors, bien déterminée à me montrer intransigeante sur toute la ligne. Pour être respectée, on peut dire que je l'étais ! Mais ce n'était pas drôle ! Alors j'ai cessé de me préparer d'avance à affronter " l'ennemi " et depuis que je suis moins coincée, les hommes, automatiquement, sont plus détendus avec moi, et je m'amuse enfin ! »

Les êtres intelligents ne sont pas bloqués et permettent que le courant passe. Être détendu, ouvert et réceptif n'est pas une preuve de trahison envers soi-même, mais simplement une preuve d'intelligence.

Se trouver un homme demande un peu d'initiative

La femme intelligente n'attend pas les bonnes fortunes, elles les provoque. Elle a compris que si elle n'a pas de plaisir à faire de nouvelles rencontres, rien de bien ne peut lui arriver. Faire la connaissance d'un homme peut être une expérience excitante et stimulante. Le processus peut être une fin en soi. Point n'est besoin d'appréhender le dénouement à venir.

Beaucoup de femmes acceptent de sortir avec des hommes qui ne les intéressent au début que modérément. Cela les aide à être moins anxieuses quand elles rencontrent quelqu'un qui leur plaît vraiment. Plus elles connaissent de gens, plus elles se sentent à l'aise quand elles ont des aventures. Être célibataire aujourd'hui nécessite cette attitude ouverte. Rencontrer l'homme qui convient est un jeu de nombres — une question de probabilité.

Les femmes intelligentes, ayant décidé de jouer un rôle actif dans la vie, s'organisent de manière à augmenter leurs chances de faire des connaissances intéressantes. Elles savent qu'il ne suffit pas de se trouver « au bon moment, au bon endroit » pour rencontrer l'âme sœur. Il faut provoquer des situations propices. Elles prennent parfois l'initiative d'une conversation et ne cachent pas leur intérêt si elles en éprouvent. Elles ne restent pas dans leur coin à attendre que celui sur lequel elles ont jeté leur dévolu fasse les premiers pas. Certains hommes peuvent être effarouchés de susciter autant d'intérêt, mais la plupart sont flattés, et le fait qu'elles manifestent ouvertement leur attirance les remplit d'aise.

Les femmes qui ont du succès auprès des hommes diversifient leurs critères de choix et sortent avec des types d'hommes différents. Elles ont compris que c'était un procédé excellent pour devenir plus flexibles et plus spontanées. C'est en tout cas le meilleur remède pour faire disparaître l'angoisse paralysante qui précède les rendez-vous galants.

Les hommes aiment les femmes qui aiment les hommes

Les femmes qui aiment vraiment les hommes communiquent leur sympathie. Elles ont compris que la chaleur, l'intérêt et l'indulgence dont elles font preuve à leur égard sont le meilleur catalyseur pour provoquer la fameuse « alchimie ». L'alchimie en question est l'impression délicieuse que l'on ressent en présence d'une autre personne. Pour beaucoup de

CE QUE SAVENT LES FEMMES INTELLIGENTES

femmes, aimer les hommes signifie simplement qu'elles ne les détestent pas. De toute évidence, cela ne suffit pas. Pas plus qu'il ne suffit d'avoir « besoin » d'eux. Il faut les aimer vraiment pour qu'ils le sentent. Cela ne signifie pas que vous devez aimer tous les hommes, mais les femmes intelligentes qui veulent que leurs partenaires éventuels se sentent à l'aise en leur présence savent qu'il est nécessaire de manifester le plaisir d'être en leur compagnie et qu'il est nécessaire aussi qu'ils se sentent appréciés.

Nous avons remarqué que beaucoup de femmes ne savent pas si elles aiment vraiment les hommes.

Pour celles qui désirent le savoir, voici quelques questions qu'elles pourront se poser et qui leur donnera peut-être la réponse.

— Si l'on considère que les hommes sont très différents des femmes, est-ce que j'aime cette différence ?
— Qu'est-ce qui me plaît particulièrement en eux ?
— Ont-ils besoin de se comporter d'une manière particulière pour me plaire ? De quelle manière, ou de quelles manières ?
— Y a-t-il quelque chose que je n'aime pas en eux ? Si c'est le cas : quoi ?
— Est-ce que je me sens à l'aise avec les hommes que je ne considère pas comme des amants éventuels ?
— Est-ce que je trouve leur compagnie agréable et est-ce que je m'amuse quand je suis avec eux ?

Si en répondant à ces différentes questions vous vous rendez compte que vous êtes incapable de séparer le bon grain de l'ivraie, à savoir, qu'il vous est impossible de séparer le plaisir — ou l'envie — qu'ils vous donnent du besoin que vous avez d'eux, vous n'êtes pas au bout de vos peines !

Pour « aimer » les hommes, il faut cesser de les craindre et de les idéaliser. Il faut dépasser son propre sentiment d'insécurité. Bref, il faut apprendre à les *accepter*.

Il est nécessaire de les accepter *avant* de les aimer. La tolérance doit précéder la sympathie. Les femmes intelligentes peuvent encore aimer les hommes après les avoir démystifiés. Et cela parce qu'elles savent exactement où se situent leurs propres besoins. Leurs sentiments, quels qu'ils soient, ne les aveuglent pas et ne les empêchent pas de voir les hommes tels qu'ils sont.

Le manque de compréhension fait souvent obstacle à la tolérance et à la sympathie. Nombre de femmes ne comprennent pas réellement les hommes ; elles trouvent donc difficile et malaisé de les aimer. Elles croient les comprendre, mais ce qu'elles « savent » d'eux est déterminé par des mythes, des clichés, des stéréotypes. Les êtres humains ont du mal à se comprendre mutuellement car ils redoutent de voir la réalité sans fard, de crainte de ne pouvoir l'accepter. Beaucoup préfèrent voir les autres d'une façon qui les arrange, même si l'image est imprécise et ne correspond que de loin à la réalité.

Les hommes jouent un rôle actif — et autodestructeur — dans la perpétuation des mythes et des stéréotypes de la virilité. Ils ne manifestent généralement pas le besoin ou le désir d'être compris, même si c'est le cas. Leur propre sentiment d'insécurité met en œuvre une stratégie qui empêche les femmes de voir clairement en eux. Ils craignent en effet qu'elles ne menacent et ne sapent l'idée qu'ils se font d'eux-mêmes et de leur virilité.

Ce que beaucoup de femmes ne comprennent pas, c'est la vulnérabilité et la fragilité dont les hommes font preuve dès qu'il s'agit de leur virilité. Nous avons déjà expliqué à quel point ils craignent d'être impuissants, passifs, pris au piège, dépendants, et combien ils redoutent de ne pas être à la hauteur de l'image idéalisée que les femmes se font d'eux.

Les hommes ont besoin d'être estimés, aimés et respectés malgré leurs faiblesses. S'ils se sentent acceptés, compris et appréciés, ils ne peuvent que retourner l'affection, le respect et l'estime à la personne qui leur en a donné.

CE QUE SAVENT LES FEMMES INTELLIGENTES

Les hommes aiment les femmes compréhensives

Quand une femme intelligente s'est trouvé un bon compagnon, comment se comporte-t-elle pour que la relation reste harmonieuse et vivante ? Elle doit tout d'abord faire en sorte que son compagnon se rende compte qu'il tient à elle, et lui donner aussi la possibilité de l'exprimer. Qu'ils l'admettent ou non, la plupart des hommes apprécient le fait d'avoir besoin d'une femme. Une fois ce lien fondamental établi, la femme intelligente sait comment entretenir le minimum de tension nécessaire pour que la relation reste vivante.

Il se peut, au début d'une relation, et jusqu'à ce qu'il se sente en confiance, qu'un homme reste sur ses gardes, même s'il désire être proche de sa partenaire. Aujourd'hui, la plupart des hommes subissent des stress et des tensions. Ils ont besoin d'une personne à qui parler, avec qui ils se sentent assez à l'aise pour se confier. Mais quand ils sont préoccupés, leur conversation devient vite ennuyeuse et monotone car ils préfèrent répondre par monosyllabes plutôt que de se transformer en saule pleureur. Aussi, quand ils tombent sur une femme qui les écoute avec compréhension leur paraît-elle irrésistible. Ils ont besoin de s'exprimer librement sans crainte d'être jugés durement.

Certaines femmes se méfient des hommes qui ont besoin de s'épancher. Elles voient en cette tendance un signe de faiblesse, et craignent que leur partenaire ne soit pas capable de leur rendre la pareille si l'occasion se présentait. Le problème ne devrait pas se poser au début d'une relation, car il faut du temps pour évaluer la force et la faiblesse d'un homme. Ces femmes feraient mieux de se défier de celui qui ne parle jamais de ses problèmes car il est en général incapable de faire confiance aux autres.

Camille, un ingénieur du son de trente-cinq ans, nous décrit sa relation avec sa femme :

« Avant de rencontrer Caroline, je gardais tout pour moi. Je ne sais pas si j'avais raison, mais ça me semblait nécessaire, ce qui revenait au même. Avec Caroline, c'est tout à fait autre chose. Je ne sais pas exactement ce qu'elle a fait pour que je sois différent, mais je peux lui parler de tout. Quel soulagement pour moi d'avoir trouvé une femme avec laquelle je peux être moi-même ! »

La femme intelligente sait écouter, et entend ce qui se cache derrière les propos les plus anodins. Une phrase jetée en l'air, un marmonnement à propos du travail, est peut-être une tentative de la part de son partenaire pour communiquer quelque chose qui le tourmente. Les problèmes de travail, de carrière, la peur de l'échec, les angoisses matérielles, déclenchent une inquiétude qui n'a rien de superficiel. L'homme qui sait que sa compagne va le comprendre et l'aider se sent comblé et ne cherche généralement pas une autre oreille attentive.

Qu'il s'agisse de problèmes professionnels ou de soucis personnels — sentiment de vulnérabilité ou d'insécurité — les hommes apprécient hautement de pouvoir en parler et d'être écoutés par leur compagne. Nous avons tous besoin d'être à l'aise avec nous-mêmes malgré certains aspects contradictoires de notre personnalité, et quelle que soit la vie que nous menons. L'attention à l'autre, surtout lorsqu'il s'agit de problèmes d'ordre intime, est un don merveilleux.

L'essentiel dans une relation : entretenir la flamme

Hommes et femmes ont une notion très différente de l'amour avec un grand A. Inconsciemment les hommes séparent le commerce amoureux en deux phases : la cour et la conquête. Pour eux les comportements nécessaires à la cour n'ont plus lieu d'être après la conquête. Pendant la phase de séduction, les hommes peuvent se montrer romantiques, charmants, attentionnés et délicats. Curieusement ils sont même attentifs aux plus petits détails : ils sont sensibles aux états d'âme de la femme qu'ils cherchent à séduire, lui envoient des fleurs ou un petit mot après un rendez-vous galant. Mais une fois la dame conquise, quand ils sentent que leur belle est amoureuse, leur attitude change. Subrepticement mais néanmoins assurément, ils abandonnent leurs manières galantes et chevaleresques pour enfiler les pantoufles de la sécurité, de la confiance et de l'intimité. Rassurés, ils peuvent à nouveau se tourner vers le monde ou vers le travail où ils trouveront la pâture nécessaire à leur curiosité et à leur besoin de s'investir. Et, bien sûr, ils se désintéressent de leur Histoire d'Amour.

Pour les femmes, c'est autre chose. Elles veulent que l'amour romantique du début continue et sont très déçues quand il cesse. Elles ont alors l'impression d'être considérées comme « quantité négligeable ». Tandis que pour l'homme le comportement romantique fait partie de la panoplie du chasseur — un moyen de parvenir à ses fins — il est pour la femme une fin en soi. La plupart des femmes se sentent à l'aise dans l'atmosphère romantique des débuts amoureux, elles adorent ça ! Les hommes, en revanche, ont hâte que cela finisse pour pouvoir commencer à se détendre, ne plus s'inquiéter, et pouvoir enfin profiter de leur victoire. Alors que les femmes ne voient pas de différence entre le processus de conquête et l'amour, les hommes, eux, ne confondent pas les deux !

Quel dilemme ! N'y a-t-il alors aucun espoir pour que dure l'Amour et son cortège de palpitations et d'émotions ? Bien sûr que si ! Une relation suivie n'implique pas forcément une vie sans passion et sans surprise.

Madame, si vous désirez que votre amoureux continue à se comporter en amoureux, ne le poussez pas à vous accompagner aux concerts s'il n'en a pas envie, et ne lui infligez pas des pique-niques bucoliques en tête à tête. Si vous le tarabustez sans cesse, vous ne réussirez problablement qu'à lui donner l'impression d'agir sous la contrainte, et à le culpabiliser. En tout cas, vous détruirez en lui toute velléité de romantisme. Et si, pour ne plus vous entendre maugréer, il se résout à vous apporter des roses, dites-vous qu'il le fait par devoir. Or toute femme sensée sait que le devoir est, par essence, l'ennemi de la passion amoureuse. Agissez intelligemment, laissez-le ronronner comme il lui plaît et jouir du plaisir d'être aimé. Interprétez son besoin décroissant de débordements comme une preuve d'attachement et de confiance en votre amour. « Je me fiche bien de ce qu'il éprouve ! Peu m'importe qu'il se sente comme un coq en pâte ! L'amour-popote ne m'intéresse pas ! » Eh bien, il y a une solution. La Bruyère disait : « Les femmes s'attachent aux hommes par les faveurs qu'elles leur accordent ; les hommes guérissent par ces mêmes faveurs. » Gardez cela en tête ! La première chose à faire est d'appliquer la méthode bien connue des psychologues, le « renforcement partiel ». Le renforcement partiel consiste à récompenser une personne qui s'est bien comportée, mais pas de façon systématique. Si l'on donne une friandise à un rat de laboratoire chaque fois qu'il appuie sur une certaine barre, il appuiera souvent. Mais il mettra encore plus d'ardeur à la tâche s'il ne récolte pas de récompense à chaque fois : l'incertitude l'incite à travailler davantage. Il s'agitera comme un diable s'il ne sait pas à quel moment il aura sa friandise.

Il en est de même avec les hommes. L'incertitude les tient en haleine. Une femme qui se décommande en invoquant un vague prétexte ou qui rentre tard le soir sans s'appesantir sur les causes de son retard rendra son amant fou d'elle. L'incertitude qu'il éprouvera alors est à coup sûr un billet pour Cythère.

N'oubliez jamais que pour les hommes « faire la cour » a un but bien précis, et qu'ils se montrent patelins tant qu'ils ne sont pas certains de l'amour de la dame qu'ils convoitent. Le mot clé est « incertitude ». Tant qu'ils sont dans cet état, les messieurs s'inquiètent de leur apparence, de leur poids, de leur tenue. Ils se rasent le week-end, s'habillent avec plus de soin, se ruinent en lotion après-rasage, et surtout, titillés par l'incertitude, ils n'hésitent pas à se transformer en Roméo.

Une femme nous confie : « J'ai compris que le meilleur

moyen de garder un homme amoureux, c'est de le laisser un peu mariner. Alors de temps en temps, je me montre moins disponible, je vais au cinéma avec une amie — il m'arrive parfois d'aller prendre un verre après le film — et quand je rentre à la maison, je reste un peu vague sur ce que j'ai fait. Je vous assure que j'aime profondément mon " jules " et que je ne ferais rien qui puisse le faire souffrir. Je ne le trompe pas, mais ça m'amuse parfois de jouer les princesses-mystérieuses-des-pays-lointains. Il dit qu'il a horreur de ça, mais ses actes démentent ses propos. Et drôlement, même ! »

Vous vous dites peut-être que ces jeux sont stupides et qu'il n'est pas question que vous vous y prêtiez. Pourquoi devriez-vous plonger votre amant dans l'incertitude pour déclencher son intérêt ? Pourquoi est-ce à vous de faire un effort pour que votre relation garde un caractère passionné ? Eh bien, ce n'est absolument pas une obligation. Si vous et l'homme de votre vie pouviez être transparents l'un pour l'autre et satisfaire *tous* vos besoins mutuels, ce serait certainement idéal. Mais c'est malheureusement une utopie. Les choses ne marchent pas toujours de cette façon dans la vie réelle. Il n'y a aucun mal à penser que les rapports amoureux ont besoin d'un peu de piquant. Il ne s'agit pas de manipulations mais de rituels amoureux. Les femmes et les hommes intelligents s'intéressent et se stimulent réciproquement. Mais les femmes vraiment intelligentes ne se laissent pas bercer au point d'oublier qu'il faut trouver un équilibre entre le bien-être sécurisant et le léger doute, bien stimulant.

Une fois établi que l'incertitude bien dosée est un élément inestimable dans une relation amoureuse, comment s'y prendre pour la faire surgir ? La première chose est de ne pas perdre de vue sa propre autonomie et son indépendance : le reste suivra. En effet, quand une femme commence, par amour ou par habitude, à organiser toute sa vie autour de l'homme qu'elle aime, peu importe que l'amour soit sa motivation, cela a un effet très particulier sur lui. Il n'a plus à s'inquiéter à son sujet, il ne doute plus de son amour. S'il est vrai que la certitude est sécurisante, elle a tendance à rassasier la curiosité et à calmer la fièvre.

Nous voudrions vous donner quelques idées sur le moyen de stimuler l'intérêt et de continuer à intriguer votre compagnon sans pour autant perdre quoi que ce soit de votre individualité.

Voici quelques exemples de comportements et d'attitudes qui font merveille quand il s'agit de maintenir une tension salutaire entre l'amour et l'incertitude.

*Avoir confiance en soi
et ne pas craindre de s'exprimer*

Sachez ce que vous aimez et ce que vous n'aimez pas et faites en sorte que votre compagnon le comprenne. Lorsqu'un homme rencontre une femme déterminée, il a le sentiment d'être en face d'une personne qui saura stimuler en lui intérêt et curiosité.

Les hommes nous disent souvent que le besoin des femmes d'être prises en charge peut à la longue devenir ennuyeux. N'oubliez pas de penser à vous, et pas seulement à l'homme que vous aimez. Ne faites pas de lui le centre du monde. Ce qui est flatteur au début finit par lasser. Plus une personne est confiante et sûre d'elle, plus elle est intéressante. Les hommes modernes en ont assez de monologuer et de s'entendre sans cesse raconter leurs propres « histoires ». Bob, l'un de nos patients, nous faisait remarquer que les femmes qu'il connaissait alimentaient rarement la conversation.

« Elles me posent toujours un tas de questions sur la vie, sur mon travail. Je n'en reviens pas de les voir aussi passionnées par ma personne. Moi j'aurais envie qu'elles me parlent d'elles, de ce qu'elles aiment, de ce qu'elles attendent de la vie... »

CE QUE SAVENT LES FEMMES INTELLIGENTES

Avoir un jardin secret n'est pas une mauvaise chose

Une « franchise » excessive peut être rebutante. Une certaine discrétion n'exclut pas l'intimité. Les conversations « franches et sincères » sur ce que vous éprouvez l'un pour l'autre ne font souvent que masquer la peur de la séparation. En outre, elles risquent de gâcher ou d'empêcher le plaisir délicieux de la découverte. L'intimité procure des éléments de connaissance qui serviront à mieux vous comprendre mutuellement sans pour autant altérer l'impression de nouveauté. Les révélations au compte-gouttes suscitent la curiosité et sont prometteuses d'inattendu. Nombre d'hommes sont agréablement piqués au vif par les femmes qui savent garder un « jardin secret ».

Un amant n'est pas un psychanalyste

Il est important de contenir votre besoin de sécurité. Nous en avons déjà parlé précédemment, mais il nous semble utile de le répéter.

Trop parler de vos angoisses et de votre sentiment d'insécurité donne aux hommes l'insupportable impression de se trouver en face d'une personne qui va les vampiriser. L'exquise incertitude qu'ils prisent tant disparaît aussitôt ! Ils aiment les femmes qui se sentent assez désirables et sûres d'elles pour ne pas être obsédées par l'engagement et le mariage dès qu'un homme commence à s'intéresser à elles.

Ayez vos propres activités

Avoir des goûts et des intérêts communs est souhaitable pour un couple, quel qu'il soit. Mais vouloir tout partager à tout prix peut devenir lassant. Les goûts différents entraînent des expériences différentes qui ne peuvent que stimuler et enrichir une relation. Nous sommes tous heureux de voir l'être qui nous est cher aimer les choses que nous aimons. Mais quel plaisir aussi de découvrir des choses nouvelles !

Comme le disait un vieux sage chinois : « Il n'est pas nécessaire pour rester ensemble d'avaler la même ficelle. »

Attention à la routine !

La dangereuse routine s'installe quand nous nous laissons aller, quand nous ne permettons plus à l'inattendu de se produire, quand toutes nos conversations et toutes nos actions sont prévisibles. Il ne faut pas craindre de sortir des sentiers battus et de prendre des risques, c'est le seul moyen de repousser le « redoutable baiser de la mort » qu'est la routine. Ne craignez pas de surprendre, d'étonner, d'épater, de déconcerter l'homme que vous aimez. Ébahissez-le, impressionnez-le, dérangez-le, bousculez-le.

Comme nous le disait un de nos amis : « Ce que j'adore chez elle, c'est qu'au moment où je crois savoir ce qu'elle pense, elle me sort un argument qu'elle a été pêcher Dieu sait où. Je ne sais jamais d'avance ce qu'elle va dire ou faire. »

Si ces conseils pouvaient être mis en équation, cela donnerait quelque chose comme :
Soyez vous-même = Ne vous souciez pas de ce qu'il pense = Soyez spontanée = Soyez imprévisible = Soyez surprenante = Trouvez le juste équilibre entre l'amour et l'incertitude.

Les hommes ne refusent pas de s'engager

Il existe un mythe selon lequel les hommes actuels prennent leurs jambes à leur cou dès qu'on leur parle d'engagement sérieux. Cela nous semble une ineptie. A l'instar des femmes, les hommes désirent plus que jamais s'engager et se marier — y compris ceux qui ont déjà convolé. Ceux qui ont déjà connu les joies — et les vicissitudes — du mariage ne restent pas célibataires longtemps. Ce qui peut paraître de la résistance n'est en fait qu'une légitime prudence — les hommes ont autant envie que les femmes d'établir des relations intimes fondées sur des valeurs traditionnelles. Nous avons tous besoin d'un foyer, et les femmes intelligentes savent que les hommes ne sont, à cet égard, pas différents d'elles.

L'expérience nous a appris que les femmes n'avaient pas encore compris à quel point les hommes avaient besoin d'elles. C'est vrai qu'ils font tout pour que cela ne se voie pas. Sachant que certaines femmes ne supportent pas le fait qu'ils soient dépendants, ils cherchent à le masquer. C'est la raison pour laquelle un grand nombre de femmes ignorent les atouts qu'elles ont en main. Leur besoin de voir l'homme de leur vie solide et capable de les protéger les aveugle au point de ne pas reconnaître les sentiments de dépendance qui les animent. Rares sont les hommes qui avouent : « Je ne peux pas vivre sans toi. » C'est pourtant ce que ressentent la plupart de ceux qui sont profondément attachés à leur compagne. Vous en connaissez qui échappent à ce schéma ? Soit, mais il se peut que trop harcelés ou cajolés pendant des mois ou des années en vue du mariage, ceux-là résistent à tout engagement sérieux... et tombent d'ailleurs, aussitôt qu'ils se retrouvent seuls, amoureux d'une autre. Ce n'est pas la bonne méthode : il ne faut pas les harceler, ni se plaindre, ni se mettre en colère. Il faut se montrer « tendrement » déterminée.

Thérèse, employée dans une banque de prêt, trente-six ans, était convaincue que Lionel, qu'elle fréquentait depuis bientôt deux ans, ne se déciderait jamais à l'épouser. Comme elle, il avait été marié auparavant. Mais cette expérience semblait l'avoir marqué davantage, d'autant plus que ses relations avec son ex-femme étaient encore difficiles et pénibles, en grande partie à cause des deux enfants qu'ils avaient eus ensemble. Thérèse se montrait patiente et compréhensive envers Lionel ; elle passait des heures à l'écouter parler de ses soucis, de ses problèmes « post-conjugaux » et de la rancœur qu'il éprouvait envers son ex-femme. Elle se sentait aimée de Lionel qui se montrait tendre, affectueux et généreux. Mais pas généreux au point de lui donner ce qu'elle attendait : la sécurité d'un engagement sérieux.

Elle avait l'impression pénible qu'il abusait de sa patience et commençait à perdre confiance et à douter de ses sentiments pour elle. Elle comprenait pourtant les raisons de sa prudence car il lui avait dit qu'il « voulait être sûr de ne pas commettre à nouveau la même erreur ». Aimant trop Lionel pour laisser s'installer en elle un sentiment d'amertume, elle décida de se montrer sincère et de lui expliquer ce qu'elle ressentait. « Je me suis mise à pleurer, nous dit-elle. Et lui aussi. Il comprenait que je ne lui faisais pas de chantage mais que notre relation courait un réel danger. Et le lendemain, il m'a dit qu'il voulait qu'on se marie. »

Les femmes intelligentes peuvent venir à bout de la résistance de leur compagnon en leur posant un ultimatum « positif ». Il ne s'agit pas de dire : « Écoute-moi bien, mon salaud, fini, maintenant, la rigolade... », ce qui ressemblerait beaucoup à une déclaration de guerre dictée par la colère et la frustration. L'ultimatum « positif » correspond plutôt à : « Je pense que nous nous connaissons maintenant depuis assez longtemps pour pouvoir nous engager l'un vis-à-vis de l'autre. Je t'aime et j'ai envie de vivre avec toi — complètement. Je sais que tu es encore indécis, mais j'ai besoin que tu prennes une décision dans les trois mois à venir. Je te dis cela par amour et parce que je veux continuer à être heureuse. Si tu ne peux pas te décider, je sais que ça va me rendre malheureuse, que je vais commencer à t'en vouloir et à te mener la vie dure et que notre relation s'en ressentira. »

Si vous avez le sentiment que votre relation est formidable, que vous vous connaissez bien maintenant et depuis assez longtemps pour être sûre qu'il pense la même chose, c'est peut-être à vous de prendre l'initiative de cette importante décision.

Les ultimatums sont parfois nécessaires. Et ils sont efficaces car les hommes ne laissent pas échapper la femme qu'ils aiment et dont ils ont besoin. En revanche, ils fuient celle qui se répand en jérémiades continuelles. Agissez avec tact et fermeté. Venez-en au fait. Ne laissez pas votre précieuse relation tourner au vinaigre ; ne la laissez pas détruire par les vœux pieux et l'amertume non exprimée.

La femme intelligente est responsable de sa vie

La femme intelligente sait où se situe sa responsabilité dans ce monde. Elle refuse d'être victime. Elle s'efforce d'obtenir ce qu'elle veut, ou ce dont elle a besoin.
La femme intelligente est déterminée et elle attend des hommes qu'ils en tiennent compte. Elle a appris à faire savoir très vite ce qu'elle attendait d'une relation, et poursuit son chemin si son partenaire ne peut lui donner satisfaction. Elle ne s'accroche pas à son chagrin ou à de vaines promesses. La femme intelligente ne reste pas plantée à côté de son téléphone en attendant un coup de fil. Elle s'agite et va conquérir ce qu'elle désire.
La femme intelligente s'estime, elle est bien dans sa peau, elle aime les hommes et leur fréquentation. Elle connaît l'importance de son rôle dans les relations amoureuses et ne se méfie pas systématiquement de tous les représentants de la gent masculine. Au contraire, elle réagit selon les personnes qu'elle rencontre. Elle sait que personne n'est parfait, pas plus elle que les autres. Elle peut aimer très fort un homme — avec sa tête, son cœur et son corps — sans jamais faire de lui le centre de son univers. Ce centre est en elle-même. La femme intelligente vit pleinement sa féminité et sa sexualité. Elle ne craint pas de se montrer attirante car elle connaît son pouvoir de séduction. Sa vie sexuelle n'est ni bridée, ni débridée, elle est authentiquement liée à ses pulsions — quelles qu'elles soient. Elle ne joue pas à la femme libre, elle est tout simplement une femme qui revendique sa féminité et les plaisirs qui vont avec.
La femme intelligente n'a pas peur de faire des expériences.

COMMENT FAIRE LE BON CHOIX

Elle connaît l'inquiétude, l'insécurité et l'angoisse, mais elle a décidé de ne pas en être victime. Plutôt que de récriminer, elle cherche à comprendre. Quand elle a essuyé un échec, elle veut en connaître les raisons avant de poursuivre sa route. Voilà, pour l'essentiel, à quoi se résume le comportement de la femme intelligente. Elle cherche à avoir des relations où sa propre personnalité peut s'épanouir et ne craint pas de se montrer lucide envers elle-même. La femme sait que nous sommes à l'aube d'une nouvelle époque, et qu'il nous faut découvrir de nouvelles façons de nous apprécier si nous voulons être heureux ensemble.

14.
QUELQUES RÈGLES A APPLIQUER POUR TROUVER L'HOMME QU'IL VOUS FAUT

En conclusion de cet ouvrage, nous aimerions vous présenter un bref résumé des règles fondamentales que les femmes doivent connaître — et appliquer — si elles veulent se montrer plus intelligentes avec les hommes et cesser de faire des « mauvais choix » amoureux.

Règle numéro un : *Il n'y a pas d'hommes parfaits.*
L'homme parfait est une fiction romantique. Il n'existe pas. Il existe, en revanche, un nombre incroyable d'hommes bien. Le désir d'être enlevée par le prince charmant vient de l'amour que la petite fille éprouvait pour son père.

Règle numéro deux : *Les hommes très séduisants peuvent rendre les femmes très malheureuses.*
Les femmes qui confondent le besoin d'amour et l'amour risquent de le payer cher car les hommes redoutent souvent la passion amoureuse.

Règle numéro trois : *Vouloir transformer un homme est généralement vain.*
Les femmes ont autre chose à faire de leur vie que de jouer les Pygmalion.

COMMENT FAIRE LE BON CHOIX

Règle numéro quatre : *Devenir adulte signifie qu'il faut renoncer à chercher un « papa ».*

Les hommes désirent une amante, une amie, une compagne — pas une petite fille. Les femmes puériles et qui usent en permanence de stratagèmes pour arriver à leurs fins font fuir la plupart des hommes.

Règle numéro cinq : *La colère fait peur aux hommes.*

Les femmes qui commencent une nouvelle histoire d'amour chargées du fardeau de leurs rancœurs et de leur amertume rebutent les hommes.

Règle numéro six : *Aucun homme au monde ne peut donner à une femme l'estime de soi qui lui manque.*

Les hommes ne veulent pas être des sauveurs. Il ne faut pas compter sur eux pour restaurer une estime de soi chancelante. Si elles attendent de leur compagnon qu'il les aide dans ce sens, elles peuvent s'attendre à bien des déconvenues.

Règle numéro sept : *Les hommes bien ne sont pas ceux que l'on remarque le plus.*

Les qualités profondes se révèlent en général avec le temps. Les hommes qui font « flasher » peuvent être fascinants au début, mais sont souvent incapables de « nourrir » sur une longue durée les besoins affectifs d'une femme.

Règle numéro huit : *Les espérances sont ennemies de la spontanéité.*

Une attitude ouverte et tolérante est source de bien des joies et de bien des surprises. Les hommes se défient des espérances masquées, et le manque de souplesse étouffe les relations.

Règle numéro neuf : *Les femmes qui sont bien dans leur peau manifestent aussi bien leur force que leur tendresse.*

La force alliée à la tendresse est une combinaison magique.

QUELQUES RÈGLES À

La femme intelligente est heureuse d'être femme. Elle a assez confiance en elle et en son pouvoir pour se permettre d'être tendre.

Règle numéro dix : *se faire faire la cour est un jeu délicieux.*
Les femmes qui savent séduire les hommes savent aussi se faire faire la cour. Elles n'ont rien contre les rituels de séduction, à condition, bien sûr, qu'ils soient adaptés à leur personne.

Règle numéro onze. *Il faut faire preuve d'initiative.*
« Qui se nourrit d'attente risque de mourir de faim. » La femme intelligente n'attend pas la bonne fortune, elle la provoque. Elle apprend à apprécier le « manège » amoureux sans être obnubilée par l'issue éventuelle de l'aventure.

Règle numéro douze. *Les hommes aiment les femmes qui les aiment.*
Si vous ne cachez pas aux messieurs qu'ils vous plaisent, ils en seront charmés. La chaleur et la tolérance dont une femme fait preuve quand elle rencontre un homme sont le meilleur catalyseur pour que le courant passe.

Règle numéro treize. *Les femmes qui savent écouter sont absolument irrésistibles.*
Même s'ils ne l'admettent pas, la plupart des hommes aiment être attachés à une femme. Ils ont besoin de quelqu'un à qui parler, quelqu'un avec qui ils se sentent assez en confiance pour se confier sans crainte d'être jugés trop sévèrement.

Règle numéro quatorze : *La routine est l'ennemie de la passion.*
Pour qu'une relation reste « vivante », il faut éviter de considérer l'amour de notre partenaire comme un fait acquis.

Un peu d'incertitude n'est pas nuisible car elle a pour effet de stimuler et de piquer la curiosité.

Règle numéro quinze : *Les hommes ne refusent pas de s'engager.*

Le mythe selon lequel les hommes répugneraient à s'engager sérieusement a la vie dure. Les hommes ont envie de s'engager mais ils se le cachent. La femme intelligente a compris qu'un ultimatum pouvait déclencher une prise de conscience salutaire.

Règle numéro seize : *Les femmes sont responsables de leur vie.*

La femme intelligente sait qu'elle peut agir sur son propre destin et fait en sorte de satisfaire, dans la mesure du possible, ses désirs et ses besoins.

Faire de bons choix — choisir les hommes qui vous conviennent et éviter les autres — implique que les femmes doivent avoir le courage de remettre en cause les mythes auxquels elles ont cru et les espérances illusoires qu'elles ont nourries qui, bien que compréhensibles, ne font que limiter leur vision et les empêcher de rencontrer ceux-là mêmes qui seraient susceptibles de devenir des compagnons. Nous avons compris que l'application de ces règles avait un effet libératoire et permettait d'avoir des expériences et des rapports nouveaux avec les hommes, ce qui ne peut qu'être agréable et satisfaisant à maints égards.

ANNEXES

TESTS ET QUESTIONNAIRE

Questionnaire concernant vos relations amoureuses

Écrivez le nom des cinq hommes qui ont le plus compté pour vous. Faites deux colonnes pour chacun d'eux dans lesquelles, en vous référant à la liste ci-dessous, vous inscrirez les qualificatifs qui caractérisent le mieux ces hommes. La première colonne correspond à ce que vous avez vu de lui au début de la relation, la deuxième, à ce que vous pensiez de lui quand vous vous êtes quittés.

accommodant	craintif	émotif
agité	critique	emprunté
agressif	cynique	énergique
altruiste	débonnaire	enjoué
anxieux	dépendant	entier
audacieux	dépensier	exigeant
avisé	désinvolte	extraverti
batailleur	dominateur	fantasque
bavard	doux	fougueux
bourru	drôle	franc
calme	dur	humble
célèbre	dynamique	idéaliste
circonspect	économe	impatient
conventionnel	effacé	impulsif
courageux	effronté	inconstant
courtois	égotiste	incrédule

ANNEXES

influençable	philosophe	sensible
inoffensif	plein d'abnégation	serviable
insouciant	pressé	sévère
intellectuel	provoquant	soupçonneux
intelligent	prudent	spirituel
intraitable	pudique	stimulant
irritable	quelconque	strict
inventif	raisonneur	sur la défensive
matérialiste	religieux	tendre
malin	réservé	têtu
méthodique	résigné	timide
modeste	riche	trop critique
moralisateur	rusé	religieux
obstiné	sceptique	rusé
ordinaire	scrupuleux	vaniteux
pessimiste	secret	

Maintenant, obligez-vous à ne choisir qu'une seule réponse dans chacune des rubriques suivantes et inscrivez cette réponse sous chaque nom.

1. *Physique*
   a. Moyen, quelconque.
   b. Viril, marqué.
   c. Peu commun.
   d. Beau.
   e. Mignon, juvénile.

2. *Comportement*
   a. Prétendument macho, mais tendre sous le vernis.
   b. Indubitablement macho.
   c. Ni viril, ni féminin.
   d. Un peu féminin.

3. *Milieu familial*
   a. Petite bourgeoisie.
   b. Bourgeoisie.
   c. Grande bourgeoisie.

TESTS ET QUESTIONNAIRE

4. *Niveau d'instruction*
   a. Études primaires.
   b. Études secondaires.
   c. Études universitaires.

5. *Profession*
   a. Employé, salarié.
   b. Profession libérale.
   c. Patron d'entreprise.

6. *Revenu*
   a. Moins de 250 000 F par an.
   b. Entre 250 000 et 500 000 F par an.
   c. Plus de 500 000 F par an.

7. *La rencontre a eu lieu :*
   a. Sur le lieu de travail.
   b. Chez des amis.
   c. Par hasard.
   d. Dans un bar de célibataires ou autre lieu similaire.
   e. Autrement (spécifiez).

8. *Projet d'avenir*
   a. Ni l'un ni l'autre n'avait d'idée préconçue sur l'issue de la relation.
   b. Lui, oui. Moi, non.
   c. Moi, oui. Lui, non.
   d. Nous avions tous les deux envie d'une relation sérieuse.

9. *Manifestations des sentiments*
   a. Il était plus épris que moi.
   b. J'étais plus éprise que lui.
   c. Nous n'étions pas très amoureux l'un de l'autre.
   d. Nous étions très amoureux l'un de l'autre.

10. *Centres d'intérêt*
    a. Nous avions peu de centres d'intérêt communs.
    b. Nous avions certains centres d'intérêt communs.
    c. Nous avions beaucoup de centres d'intérêt communs.

ANNEXES

11. *Échelle des valeurs*
    a. Nous n'avions absolument pas la même échelle des valeurs.
    b. Nous n'avions pas tout à fait la même échelle des valeurs.
    c. Nous avions à peu près la même échelle des valeurs.
    d. Nous avions la plupart du temps la même échelle des valeurs.

12. *Le besoin de l'autre*
    a. Nous n'avions guère besoin l'un de l'autre.
    b. J'avais davantage besoin de lui.
    c. Il avait davantage besoin de moi.
    d. Nous avions tous les deux très besoin l'un de l'autre.

13. *Intensité de l'amour*
    a. Je l'aimais plus qu'il ne m'aimait.
    b. Il m'aimait plus que je ne l'aimais.

14. *Engagement*
    a. Il s'était engagé plus que moi.
    b. Je m'étais engagée plus que lui.

15. *Volonté de changer le partenaire*
    a. Nous nous acceptions mutuellement bien dans l'ensemble.
    b. Je voulais qu'il change beaucoup de choses en lui.
    c. Il voulait que je change beaucoup de choses en moi.
    d. Nous avions beaucoup de griefs l'un contre l'autre et désirions tous deux que l'autre change.

15. *A quel moment vous êtes-vous aperçue que ça n'allait pas ?*
    a. Je l'ai su d'emblée.
    b. Ça a très bien marché pendant longtemps.
    c. Je ne me suis rendu compte de rien jusqu'au dernier moment.

TESTS ET QUESTIONNAIRE

17. *Combien de temps êtes-vous restée avec lui après avoir compris que ça ne marcherait jamais ?*
    a. J'ai rompu immédiatement.
    b. J'ai rompu, mais pas aussi vite que je l'aurais dû.
    c. Je suis restée trop longtemps.

18. *La rupture*
    a. C'est moi qui ai décidé de rompre.
    b. C'est lui qui a décidé de rompre.
    c. Ce fut une décision mutuelle.

Regardez maintenant s'il existe une similarité dans vos différentes histoires d'amour, et à quel niveau ? Essayez de voir ce que vous avez appris sur vous-même à chaque fois.

Test de toxicomanie amoureuse

Répondez *Vrai* ou *Faux* aux questions suivantes :

	Vrai	Faux
1. Je n'éprouve guère de plaisir en ma « propre compagnie » et je n'aime pas passer une soirée seule.	☐	☐
2. Quand un homme me pose des questions sur la façon dont je vis, je suis parfois embarrassée de laisser entendre que je suis disponible.	☐	☐
3. Les hommes occupent beaucoup mes pensées, surtout ceux que je ne peux pas avoir.	☐	☐
4. Bien que j'aie du mal à l'admettre, je sais que la seule chose qui me rendrait vraiment heureuse, c'est d'avoir un compagnon.	☐	☐

ANNEXES

5. Je n'éprouve aucun plaisir à aller au restaurant ou au cinéma toute seule. ☐ ☐

6. Je fantasme trop sur les hommes et cela m'inquiète. ☐ ☐

7. J'ai tendance à refuser une sortie quand je sais que la plupart des gens seront en couple. ☐ ☐

8. J'ai conscience de ne me sentir vraiment rassurée intérieurement que lorsque j'ai un amoureux. ☐ ☐

9. Au grand dam de mes amies, je n'hésite pas à les laisser tomber pour sortir avec un monsieur qui m'invite au dernier moment. ☐ ☐

10. Je sais que je passe trop de temps à élaborer des plans pour me trouver un amoureux. ☐ ☐

11. Je ne me sens bien dans ma peau et n'« existe » que quand j'ai un amoureux, sinon, j'ai l'impression d'être une laissée-pour-compte. ☐ ☐

12. Lorsqu'il s'agit des hommes « l'herbe paraît toujours plus verte dans le champ du voisin », et je ne suis jamais contente de ce que j'ai. ☐ ☐

13. Je me gave de romans d'amour. ☐ ☐

14. Je tombe amoureuse avec une facilité déconcertante. ☐ ☐

15. Bien qu'il m'en coûte, je dois reconnaître que je préfère me languir pour un homme qu'être sûre de son amour. ☐ ☐

16. Ma vie me semble vide si je n'ai pas un homme avec qui la partager. ☐ ☐

TESTS ET QUESTIONNAIRE

17. Je suis beaucoup plus heureuse quand c'est moi qui suis très amoureuse que lorsque c'est le contraire. ☐ ☐

18. Quand je n'ai pas d'amoureux, je me désintéresse de mon travail et de toutes les activités que je pratique habituellement. ☐ ☐

19. Je ne me sens vraiment vivre que quand je suis avec un homme. ☐ ☐

20. J'ai vraiment envie d'une relation durable et de ne plus batifoler. Mais chaque fois que je rencontre un homme qui me plaît, il y a toujours quelque chose chez lui qui m'empêche de l'aimer vraiment. ☐ ☐

Interprétation du texte

Faites la somme du nombre de fois où vous avez écrit *Vrai*.

0 : Si vous n'avez aucune croix dans la colonne des *Vrai*, bravo ! l'opinion que vous avez de vous-même ne dépend d'aucune façon de vos relations avec les hommes. Vous ne manifestez aucune tendance à la toxicomanie amoureuse.

de 1 à 3 : Si vous avez mis *ne fût-ce qu'une seule croix* dans la colonne des *Vrai*, vous accordez une importance excessive à l'idée d'avoir un homme dans votre vie. Attention. Vous manifestez quelques signes avant-coureurs de la toxicomanie amoureuse.

de 4 à 7 : Si vous avez inscrit au moins quatre *Vrai*, vous luttez contre la dépendance amoureuse. Ce n'est peut-être pas évident pour vous, mais l'importance que vous accordez aux hommes et à l'amour fait déjà de vous une « amouromaniaque ».

plus de 7 : Si vous avez sept *Vrai* et plus, vous savez déjà que vous êtes une esclave de l'amour. Vous êtes complètement

« accro », et il vous faudra beaucoup de volonté et un effort sérieux si vous voulez vous « désintoxiquer ».

Test des besoins et de leur satisfaction

Vous trouverez ci-dessous une liste de besoins divers classés en six catégories. Chaque catégorie comprend un nombre de besoins spécifiques. Il s'agit de vos aspirations profondes dans le domaine affectif et relationnel. Ce test étant à vous seule réservé, essayez de répondre aussi honnêtement que possible.

Vous remarquerez deux colonnes vides correspondant à chaque besoin particulier. En vous référant à l'échelle de notation ci-dessous, inscrivez le chiffre qui vous semble le plus approprié à votre cas personnel : dans la colonne de gauche, celui qui correspond le mieux à l'intensité de ce besoin, dans celle de droite, le chiffre qui vous semble le mieux correspondre à la satisfaction de ce besoin dans vos relations.

N'oubliez pas qu'il s'agit de savoir si vos besoins sont satisfaits ou non *dans vos relations amoureuses.*

Échelle de notation

Colonne de gauche   *Colonne de droite*

aucun besoin 1   pas satisfait 1
peu de besoins 2   rarement satisfaits 2
besoins modérés 3   modérément satisfaits 3
besoins importants 4   souvent satisfaits 4
besoins très importants 5 presque toujours satisfaits 5

Besoins de défis et d'émotions

1. Besoins de prendre des risques personnels ⎯⎯ ⎯⎯
2. Besoin d'éprouver un sentiment de danger ⎯⎯ ⎯⎯
3. Besoin de nouveauté et de changement ⎯⎯ ⎯⎯
4. Besoin de relever les défis et de maîtriser les choses ⎯⎯ ⎯⎯

TESTS ET QUESTIONNAIRE

5. Besoin de stimulations
6. Besoin d'être intriguée
7. Besoin d'être en alerte et dans l'incertitude

Besoins d'autonomie

8. Besoin d'indépendance sentimentale
9. Besoin d'indépendance financière
10. Besoin de liberté personnelle
11. Besoin d'égalité
12. Besoin de partage et de réciprocité
13. Besoin que les rôles soient définis par les goûts et par les aptitudes et non par le sexe
14. Besoin d'être seule quelquefois sans qu'il se demande ce qui ne va pas
15. Besoin d'avoir « un jardin secret »
16. Besoin de dominer

Besoins de sécurité

17. Besoin de se sentir protégée
    a) physiquement
    b) moralement
    c) financièrement
18. Besoin d'avoir confiance en mon compagnon
19. Besoin qu'il ait confiance en moi
20. Besoin d'intimité et de sécurité affective
21. Besoin de stabilité et de régularité
22. Besoin de continuité et d'objectifs communs
23. Besoin d'approbation
24. Besoin d'être dominée
25. Besoin de confort et de sécurité matérielle
26. Besoin de faire des choses ensemble

Besoins sexuels et affectifs

27. Besoin de pouvoir exprimer ma sexualité sans inhibition

ANNEXES

28. Besoin que mon compagnon puisse exprimer sa sexualité sans inhibition ___ ___
29. Besoin de monogamie ___ ___
30. Besoin de caresses (pas seulement comme prélude à l'acte sexuel) ___ ___
31. Besoin de nouveauté et de diversité dans les rapports sexuels ___ ___
32. Besoin que mon compagnon exprime verbalement son amour et sa tendresse ___ ___
33. Besoin de partenaires sexuels variés ___ ___
34. Besoin de me montrer affectueuse et de sentir que mon compagnon l'apprécie ___ ___
35. Besoin que mon compagnon se montre affectueux ___ ___

Besoins de communication

36. Besoin de communication claire et directe ___ ___
37. Besoin d'exprimer mes sentiments ___ ___
38. Besoin que mon compagnon exprime ses sentiments ___ ___
39. Besoin que l'on se parle à cœur ouvert ___ ___
40. Besoin d'avoir son avis pour certains problèmes qui sont importants pour moi ___ ___
41. Besoin qu'il me parle des problèmes qui sont importants pour lui ___ ___
42. Besoin de franchise mutuelle ___ ___
43. Besoin de me confier à mon compagnon ___ ___
44. Besoin que mon compagnon se confie à moi ___ ___

Besoins divers concernant la relation amoureuse

45. Besoin que mon compagnon me respecte ___ ___
46. Besoin de me sentir aimée ___ ___
47. Besoin de me sentir nécessaire à mon compagnon ___ ___
48. Besoin de me sentir appréciée par mon compagnon ___ ___

TESTS ET QUESTIONNAIRE

49. Besoin de désirer ardemment la présence de mon compagnon   ___ ___
50. Besoin de me sentir soutenue moralement par mon compagnon   ___ ___
51. Besoin que mon compagnon m'encourage à mûrir   ___ ___
52. Besoin que mon compagnon manifeste de la jalousie   ___ ___
53. Besoin de respecter mon compagnon   ___ ___
54. Besoin d'être acceptée telle que je suis et de ne pas être sans cesse critiquée par mon compagnon   ___ ___

Calculs des points et interprétation du test

Faites le total des points de chaque colonne. Il vous sera peut-être utile de savoir dans quelle catégorie de besoins l'écart est le plus grand.

1. Si le total de la colonne de gauche est moindre ou égal à celui de la colonne de droite, c'est que vos besoins sont dans l'ensemble satisfaits et qu'il n'y a pas de conflits dans votre couple.

2. Si, en examinant les différentes catégories, il n'y a pas de grandes différences entre le total de gauche et celui de droite, c'est que votre couple est relativement harmonieux et les conflits superficiels.

3. Si, pour chaque rubrique, le total de gauche est supérieur de deux points et plus à celui de la colonne de droite, vous saurez à quoi vous en tenir.

L'interprétation de ce test vous fera découvrir dans quelle mesure votre relation actuelle comble vos besoins et vos désirs profonds. De plus, vous serez en mesure de savoir quels sont les domaines où vous êtes le plus frustrée.

Après avoir pris connaissance des résultats, vous pourrez adopter l'une des deux attitudes suivantes :

ANNEXES

— Vous rejetez le blâme sur votre compagnon et le tenez responsable de vos frustrations et insatisfactions.

— Vous essayez de voir, et c'est ce que nous vous conseillons, si vous n'êtes pas tout de même un peu responsable de ce qui vous arrive et si vous ne faites pas preuve d'irréalisme. Il se peut que vos besoins soient excessifs ou que l'homme avec lequel vous vivez ne soit pas du tout fait pour vous. Si par exemple vous aimez un « gentil », celui-ci pourra combler tous vos besoins, sauf le besoin d'émotions fortes !... La solution ? Estimez-vous heureuse et pour le reste, faites du parachutisme en chute libre !

1. Si le total de la colonne de gauche est inférieur à celui de la colonne de droite, votre relation est formidable et satisfait presque tous vos besoins.. Quelle chance vous avez ! Gardez l'œil sur votre homme !...

2. Si la colonne de gauche totalise plus que celle de droite :

de 1 à 25 points : considérez-vous comme faisant partie des privilégiées. C'est un petit miracle de trouver un homme qui réponde autant à vos désirs.

de 26 à 50 points : la plupart de vos besoins étant satisfaits, cela indique que votre relation est bonne et établie sur des bases solides.

de 51 à 75 points : l'écart entre les deux est relativement important. La relation bat de l'aile mais ce n'est pas rédhibitoire, vous pouvez y remédier en communiquant plus ouvertement et plus franchement avec votre partenaire. Il faudra sûrement vous armer de courage pour revendiquer la satisfaction de certains de vos besoins.

de 76 à 100 points : un tel écart indique de réels problèmes entre vous et votre partenaire. La plupart de vos besoins restent insatisfaits. Cela est peut-être dû à un manque de communication et de compréhension mutuel, mais cela peut être aussi beaucoup plus grave. Ne serait-ce pas plutôt que vos désirs et espérances

TESTS ET QUESTIONNAIRE

sont tout à fait irréalisables, ou que vous vous êtes *vraiment* trompée en choisissant l'homme avec lequel vous vivez ?

de 100 points et plus : Sauve qui peut ! Ou bien votre partenaire est un vrai veau, ou alors vous êtes tellement exigeante que vous ne trouverez jamais chaussure à votre pied.

Quelques informations sur les auteurs de cet ouvrage. Les Dr Connell Cowan et Melvyn Kinder sont praticiens dans une clinique privée de Beverly Hills, en Californie. Ils font aussi des conférences, tiennent des séminaires, dirigent des groupes de psychothérapie.

Pour obtenir de plus amples informations sur leurs séminaires adressez-vous à :
    Center for relationship studies
    Penthouse suite
    152, South Lasky Drive
    Berverly Hill, CA 90212
    USA

REMERCIEMENTS

Nous tenons à exprimer nos sincères remerciements à notre agent littéraire, Joan Stewart, pour l'énergie qu'elle a déployée, les encouragements qu'elle nous a généreusement dispensés et l'enthousiasme contagieux dont elle a fait preuve pour que ce livre existe. Nous remercions également Carol Lacy et Laura Daltrey pour leurs remarques pertinentes et l'aide qu'elles nous ont apportée pour la mise en forme de cet ouvrage. Toute notre gratitude enfin à Carol Hart Gavin, notre rédactrice, avec qui nous avons eu des discussions pour le moins animées mais dont la ténacité a contribué à ce que ce livre réponde le plus possible aux besoins de nos lecteurs.

Dr Kinder :
Je tiens à remercier mes enfants Eric et Alexandra pour la curiosité, l'enthousiasme juvénile et la patience qu'ils ont témoignés pendant que leur père passait de longues heures à sa table de travail. Je veux aussi exprimer tout mon amour et ma gratitude à Sara, ma femme et ma meilleure amie, qui s'est toujours montrée disponible pour moi. Par ses critiques sévères mais pertinentes, ô combien, elle s'est révélée une merveilleuse source d'intuition et de lucidité, et m'a aidé à mieux entrevoir les mystères qui planent sur les relations existant entre les hommes et les femmes.

Dr Cowan :
Je veux remercier Casey qui m'a tant appris sur les femmes et dont les mimiques mi-dégoûtées mi-interloquées, du genre « tu-

ANNEXES

ne-comprends-vraiment-rien-à-rien », m'ont servi de baromètre sans lequel, aveuglé par mes préjugés masculins, je me serais certainement fourvoyé. Toute ma reconnaissance lui est acquise pour son soutien, sa sensibilité manifeste aux questions abordées dans cet ouvrage, et pour la sagesse dont elle a fait preuve en me laissant me débattre seul avec les difficultés que représentait ce travail.

TABLE DES MATIÈRES

Introduction 9

Première Partie
LE MAUVAIS CHOIX

1. Elles attendent le prince charmant 17
   La recherche de l'homme idéal. Les femmes et les illusions romantiques. Les femmes et les transformations de la société.

2. La petite fille à son papa chéri 29
   L'apprentissage de la séduction. Les premières armes. Le père fort. Le père absent. Le père froid et distant. Le désir secret d'être prise en charge.

3. Les réactions masculines devant les femmes-enfants 44
   Fragilité. Les stratégies de séduction. Besoin de dépendance masqué. La soif d'amour insatiable.

4. Les réactions masculines devant les femmes de caractère 61
   La mère toute-puissante. Les nouveaux impuissants. La réaction passive au pouvoir des femmes. La peur des femmes hostiles.

TABLE DES MATIÈRES

5. Pourquoi les hommes séduisants font-ils le malheur des femmes 80

   Qui sont ces gentils ? Quand « gentil » est synonyme de « faible ». Quand le « gentil » paraît faible mais ne l'est pas. Gentil ne veut pas dire romantique. Amour et passion amoureuse. Pourquoi certains hommes paraissent-ils fascinants ? Les mauvais garçons sont attirants... mais pas pour longtemps. Qui est-il, « ce salaud » ? Le magnétisme du « salaud ». Le don Juan - L'insaisissable. L'épouvantable-homme-marié. A la poursuite de l'impossible.

6. Les hommes qui exaspèrent les femmes 106

   L'huître. L'homme pseudo-libéré. L'éternel adolescent. Le blessé ambulant.

Deuxième Partie
COMMENT FAIRE LE BON CHOIX ?

7. Beaucoup de femmes intéressantes, peu d'hommes valables ? 121

   Épouser au-dessus ou au-dessous de sa condition. Pourquoi les hommes mariés paraissent mieux que les autres ? Les prophéties qui s'accomplissent.

8. Chagrin d'amour ne dure qu'un moment 129

   La magie de l'amour. La fierté blessée. Un clou chasse l'autre.

9. Comment se libérer de l'obsession de l'amour . 139

   Quatre types d'intoxiquées de l'amour : - Celles pour qui la frustration a le visage de l'amour - Celles qui ont éternellement besoin d'approbation - Celles qui s'accrochent aux illusions - Les droguées de l'amour romanesque. Quand l'amour devient obsession. Il n'y a rien qui aille aussi vite que le temps (Ovide). Il faut se trouver d'autres sources de plaisir. Briser les habitudes peut être passionnant.

TABLE DES MATIÈRES

10. Renoncer aux espérances 157

    Attentes sous-jacentes. Attentes contre intimité. Prendre conscience des aspirations cachées. Toutes les espérances ne sont pas néfastes.

11. Le diamant brut 169

    Le masque de la timidité. Réinvestir dans des relations durables.

12. Une autre féminité 183

    La magie de la force et de la tendresse. Avoir le courage de s'exprimer. - Surmonter sa timidité - Parler aux hommes.

13. Ce que savent les femmes intelligentes 193

    Le plaisir désuet de se faire courtiser. Se trouver un homme demande un peu d'initiative. Les hommes aiment les femmes qui aiment les hommes. Les hommes aiment les femmes compréhensives. L'essentiel dans une relation : entretenir la flamme. - Avoir confiance en soi et ne pas craindre de s'exprimer. - Avoir un jardin secret n'est pas une mauvaise chose. - Un amant n'est pas un psychanalyste. - Ayez vos propres activités. - Attention à la routine ! Les hommes ne refusent pas de s'engager. La femme intelligente est responsable de sa vie.

14. Quelques règles a appliquer pour trouver l'homme qu'il vous faut 211

Annexes : Tests et questionnaires 217

   Questionnaire concernant vos relations amoureuses. Test de toxicomanie amoureuse. Test des besoins et de leur satisfaction.

Remerciements 231

ACHEVÉ D'IMPRIMER
LE 5 DÉCEMBRE 1986
SUR LES PRESSES DE
L'IMPRIMERIE HÉRISSEY
À ÉVREUX (EURE)
POUR LES ÉDITIONS
ROBERT LAFFONT

Imprimé en France
Dépôt légal : décembre 1986
N° d'édition : 30237
N° d'impression : 41037

LES GRANDES COLLECTIONS CHEZ ROBERT LAFFONT

Dès l'origine (1941) LA POÉSIE, LE ROMAN FRANÇAIS, L'ESSAI

1945
PAVILLONS

1956
BEST-SELLERS

1958
CE JOUR-LA

1963
LES ÉNIGMES DE L'UNIVERS

1966
PLEIN VENT

1967
RÉPONSES

1969 • VÉCU
• AILLEURS ET DEMAIN
• LES PORTES DE L'ÉTRANGE

1970
LIBERTÉS/2000

1974
• NOTRE ÉPOQUE
• SPORTS POUR TOUS

1976
LES RECETTES ORIGINALES

1977
A JEU DÉCOUVERT

1978
LES HOMMES ET L'HISTOIRE

1979
BOUQUINS

Et, depuis 1974 le

L'ENCYCLOPÉDIE DE DOMINIQUE ET MICHÈLE FRÉMY

Le Quid paraît chaque année avec la rentrée des classes.

Instrument incomparable d'information et de culture, le Quid a pris place dans la vie des Français. 400 000 d'entre eux, chaque année, font entrer le Quid dans leur foyer. Parce que le Quid a réponse à tout, pour le jeu comme pour l'étude et le travail. Le Quid, mis à jour chaque année, est unique, irremplaçable : une véritable institution.